U0129436

菜根香又香

養浩軒隨筆

邱各容著

文 學 叢 刊

文史哲出版社印行

國家圖書館出版品預行編目資料

菜根香又香：養浩軒隨筆 / 邱各容著.-- 初版 --
臺北市：文史哲，民 108.12
頁；　公分. --（文學叢刊；416）
ISBN 978-986-314-500-4（平裝）

863.55　　　　　　　　　　　108021811

文 學 叢 刊　416

菜 根 香 又 香
養 浩 軒 隨 筆

著　　者：邱　　　各　　　容
出 版 者：文 史 哲 出 版 社
　　　　　http://www.lapen.com.tw
　　　　　e-mail：lapen@ms74.hinet.net
登記證字號：行政院新聞局版臺業字五三三七號
發 行 人：彭　　　正　　　雄
發 行 所：文 史 哲 出 版 社
印 刷 者：文 史 哲 出 版 社
臺北市羅斯福路一段七十二巷四號
郵政劃撥帳號：一六一八○一七五
電話886-2-23511028 · 傳真886-2-23965656

定價新臺幣二八○元

二〇一九年（民一〇八）十二月初版

菜根香又香（自序）

再續前緣

遠在三分之一世紀前（1984 年），一篇散文作品〈憶兒時，話九份〉刊登在《中央日報》「中央副刊」。這篇作品之所以能夠被刊登，純係受到前純文學出版社發行人，也是名女作家林海音先生的賞識有以致之。在尚未刊登之前，她在台北市重慶南路二段純文學出版社二樓辦公室對我說「各容，我看了這篇作品，覺得你適合寫散文。」這句話對我而言無疑是莫大的鼓勵。因為我從事文學寫作的處女作是經過林海音先生的指點，故而視其為我的文學啓蒙師。

可我的第一本散文集《人性點線面：New Age·New Life·New Hope》卻遲至 2000 年才出版，距離第一篇散文的刊登已經是 16 年以後的事。而今，第二本散文集《菜根香又香 —— 養浩軒隨筆集》的出版，距離第一本散文集《人性點線面》更是 19 年以後的事，的確，別人

是十年磨一劍，而我則是近二十年磨一劍。

　　之所以如此，並非疏於散文寫作，更且始終未曾放棄散文寫作的初衷。而是這三十餘年來始終著力於台灣兒童文學的史料研究與出版，前後計有《兒童文學史料初稿》(1990)、《播種春天的人們：台灣兒童文學工作者群像》(2002)、《回首來時路：兒童文學史料工作路迢迢》(2003)、《台灣兒童文學史》(2005)、《台灣兒童文學年表》(2006)、《台灣兒童文學作家及作品論》(2008)、《台灣兒童文學一百年》(2011)、《台灣近代兒童文學史》(2013)、《台灣兒童文學史》(2018)等九本專著。正因為長期投注與關心台灣兒童文學的發展研究，被友朋稱為「台灣兒童文學界的苦行僧」。

　　直到 2016 年重讀《清貧思想》一書，受日本俳聖松尾芭蕉的啟示，才又開時提筆散文寫作。是以，2016 年對我而言，是與「散文寫作」再續前緣的一年，四年來從「墨餘隨筆」到「書齋隨筆」到「金容隨筆」，共 300 篇隨筆，再從這 300 篇隨筆選出 168 篇輯成《菜根香又香 ── 養浩軒隨筆集》，視為古稀之年的人生工作報告。

大塊、心性、人我

　　人生於世，有幸欣逢諸多好風，除了感恩還是感恩。

當年林海音先生的一段話，將我引領到散文寫作的領域，徜徉在無邊寬闊的書寫天地。「大塊假我以文章」，只要心緒對外能夠與山川自然、生靈萬物、詩詞歌賦、生活百態等相互輝映；只要心緒對內能夠與人性探索、生命思維、人際關係等進行深思剖解，一一都可以入文，一一都可以下筆。

心有所思，筆下成文。從生活入文，將自身的所聽、所聞、所思、所想一一轉化成一篇篇的隨筆。是生活的紀錄，也是心性的探討；是文學的呢喃，也是人生的拾穗；是自性的剖析，也是人我的量溫。

古有伯牙子期的高山流水，彼此相知相應；今之伯牙子期安在？如果把作者當做伯牙，他又如何與子期相遇相知又相應？前者經由琴韻心聲產生交集，後者透過文學作品尋尋覓覓夏丏尊所謂的「逆作家」。

古稀、秋實、滿願

年居古稀，走過之路雖非荊棘之道，卻也偶有波瀾興起，這不過是生命的浪花、這不過是人生的點綴。走過歲月，看不完的人生百態；回首前塵，忘不了的風範身影。

　　秋是熟成的季節，也是收割的時機；秋是成熟的表徵，也是漂浪的句號。秋詩篇篇，引人入境；秋色濃濃，人入畫境。當然，秋也是悲涼的影射，有道是秋花慘澹秋草黃，耿耿秋燈秋夜長。任何的事，悲喜總是交加，期盼離苦得樂，這是人之常情。

　　人生有時終將盡，古稀之年還能筆墨人生，寫意文學，將文學與人生合為一體，期盼這道文學菜餚的口味清爽宜人，帶引大家進入我的心靈世界。水到窮處波無痕，表現出「靜」的境地。在這紛擾不安的當下，最需要的就是這一份出奇的「靜」，這個「靜」宛如一道道的清流，緩緩注入焦躁不安的心田。

明日天涯路一程

　　寫不完的人生百態，道不盡的心靈話語；寫不罄的文學人生，說不完的天地有情。天在、地在、山川在、人也在；人不在、天在、地在、山川還在。有生之年，何其有幸能夠與山川自然同立於天地之間，參贊化育。有生之年，又何其有幸能夠筆墨人間，以文會友。

　　人生之道何其漫長，又何其短暫。人生於世，莫道其長短，有謂「人生有你，知所應為，為所當為；人生

無他，活在當下，樂在工作。」是以，樂活人生，以便順道明日天涯。人生有期，生命有限。有期也好，有限也好，只要在期限之內，好好珍惜得之不易的各種緣分，當下就是幸福。

走筆至此，回首前塵，春雨固然綿綿，文思總是不斷。每當沉浸在隨筆或詩文的書寫當中，心中總是充滿誠摯的謝意。感謝能夠在天地之間任文筆之揮灑、寫隨興之作品；得共鳴之交心，享會友之逸趣。

作者的生命是有限的、短暫的；文學的生命是無限的、恆昶的。有生之年留下文學的紀念，做為自己的人生工作報告，很好。軀體縱然化為塵土，作品卻可流傳於世。

菜根香又香

── 養浩軒隨筆集

目　次

1.　基隆山之戀

　　人本來自大自然，走回自然，天經地義。置身其中游目四望，但見峰峰相連，緩步拾級而上基隆山頂，更多的山頂遠在青山之外。

　　嘗自云為基隆山下長大的山頂囝仔。由幼及長，日日開門見「山」，基隆山之於九份子弟，不啻是恆昶如斯的精神堡壘。

　　有天，驅車駛離石牆林立的都市叢林，宛若脫韁之馬，馳騁在蜿蜒曲折的鄉道，涼風與我同行，疊翠與我同在。偶而停車暫歇，驀然發現基隆山竟然矗立在遙遠的青山之外。這當下，我的家，就在山的那一邊。

　　某一年，在有關單位招待下，搭乘船舶從基隆外海的基隆嶼遠眺九份，在遠眺九份的同時，也從基隆嶼遠眺基隆山。從海面遠觀故鄉的倩影，的確別有一番滋味在心頭。

　　基隆山，陪伴九份子弟世世代代，人未在，它就在；人在，它在；人不在，它還在。百年來，基隆山始終矗

立著、守護著九份和它的子民。它看盡人間多少生老病死，它看盡人間多少悲歡離合，它看盡黃金山城的興盛沒落，它更欣見黃金山城的風華再現。

　　人常謂：「天若有情天也老」，那麼，山若有情山也老，是嗎？年幼時常聽大人說「當基隆山戴雨笠，就表示要下雨了。」的確也是如此，有朝一日，這句話或許會成為九份的地方諺語。

2.　雲的呢喃

　　身從何來？不自知；身往何處？不由己。人嘗言「凡是由己不由人。」而我呢？卻是由人不由己。即便如此，我還是我，把握當下，善盡化性而為的角色扮演。

　　古書有云：「雲從龍，風從虎。」自古以降，龍虎風雲，曾經締造古今中外多少流傳千古的人類史篇。而我，竟然忝為史篇的始作俑者之一。生命若此，無憾。

　　身為天空舞台的舞者，無視於掌聲多寡，在乎如何善盡本分。集編劇、導演、舞者於一身，擅長變裝秀、易容術，將天空舞台妝點成如夢似幻的情境世界。

　　無論寒暑與春秋，無論晨昏與日夜，所作所為都關係著大家的生活起居。多雲時晴偶陣雨也罷，風起雲湧而雨至也罷，總期盼大家快樂出門，平安回家。

　　身從何來不自知，身往何處不由己。即便如此，我還是鄭重告訴大家，我－是雲。我從何處來，沒有人知道；我往何處去，誰也說不出；自由又自在，你說好不好？

3.　話　夢

　　人生在世短則數十，長則近百。命如大千一塵，滄海一粟。既便微細如一塵一粟，當有生之年，誰無美夢，圓夢是生之藝術。

　　有夢真的是最美？世道多變，世路紛歧，變歧之繁，成夢亦難。夢難成，若有所失，哪堪回首憶前塵；圓夢難，無言以對，往事如煙自茲去。

　　古來英雄豪傑，多少美夢成真？古來文人雅士，多少難以圓夢？美夢、圓夢。夢是生命的藍圖，夢是生命的企劃。圓美夢，貴以專，行以注，緣以熟，機終將至，圓夢是福。

　　人無美夢事難成，緣熟機至夢成真，梧桐葉露擾清夢，何如風簷展書讀。若欲傾力圖夢圓，好風扶人上青雲，月白風清品茗趣，笑顏開懷歌一曲。

4.　憶　往

思想起，深秋時節，天寒，微曦乍現。白手起家，節儉成性。舉凡出差，總是提早出門，走山路，省車資。很是辛苦，點滴在心頭。

嚴以律己，寬以待人，幼承庭訓，不敢或忘。視之為待人接物的圭臬，銘記在心。以父為師，數十年始終如一。

在校園中、豬灶嶺、橋仔頭、店仔口等處，都可看到熟悉再熟悉的背影。而我，擁有與父親相同的背影。

儘管天人永隔，那熟悉的身影常在。春發木長，其樂融融。富開慧著滿書香，春發書香人間福，以此為鑑，福滿人間。

5　平常心

　　行者，只在乎能否如願完成應行之事，其他是多餘的。行者，是有使命感的，使命必達，不會半途而廢，也不會輕言放棄。

　　為達目的，讓使命能夠順利達成，付出再多的心血也是應該的。善緣廣結，及時贊裏鼎助，順利達陣。願力有多大，力量就多大。行者，行願。

　　在行願過程，諸多干擾紛至杳來，以圖擾亂滿願。過程絕對辛苦，紛擾有增無減，以平常心看待；止念泰然思無邪，干擾頓失溫床，後繼乏力，退場。

　　使命既達，切忌驕矜，虛心受教，以圖圓滿。行事坦蕩，以和為貴，為新的任務，再振旗鼓。人不是為掌聲而活，是為完成必要的工作而努力。

　　不用在意他人眼光，在意的是自己的實力，自己能否如期完成預定的工作目標。平常以對，務實任事，在暮色中依然可以看到自己所釋放的光芒。

6.　個　性

個性人人皆有，是人際關係良窳與否的試金石；也是影響事務能否順利推行的重要因素。個性波及態度，態度決定一切。是以，個性在為人處世上，是居於絕對的關鍵。

豪邁、溫吞、柔順、急躁、正直、陰沉、爽朗、內向......存在於你我他之間。有的大而化之，有的斤斤計較，有的圓滑老到，有的拘謹畏縮，有的融通豁達，有的溫柔婉約，有的驕縱慣養，有的隨和為善，有的傲慢無禮......這都一一展現在各自的生命舞台。

個性左右人生，人生凸顯個性。有怎樣的個性，就有怎樣的人生。牛就是牛，牽到北京還是牛。可見個性之於人是何等的重要。知己之個性，所以調和；知調和之重要，所以改善人生。

誰無個性，取其長而為之；個性誰無，取其短而改之。知己之短長，所以圓滿人生。

7.　欣　慰

　　望眼多年來悉心照料的萬年青枝葉繁茂生氣勃勃，笑了。一吃完為其準備的早餐，咪寶一轉身，隨即大出一坨坨的便便，笑了。

　　儘管只是一句簡短的話，或是一次隨緣的請託，居然激發對方書寫的潛能，以及促成譯作連連，目睹好事不斷的結果，笑了。

　　行事隱而不彰，晦而不顯，只緣不足為外人道。即便如此，還是有長者感同身受，慰勉有加。事無巨靡，圓滿為尚。笑了。

　　偶而，素昧平生的團體或個人，相詢有關台灣兒童文學相關史事、或為博碩論文、或為學術論文，當下就己之所知，提供參考，成就美事。笑了。

　　友朋相聚，閒話之餘，偶而即席隨興提筆寫下數言，再以吟唱歡愉大家，只見陶醉欣悅的表情，但覺清吟詠唱的心懷無比舒暢。笑了。

8.　摯　誠

　　十九世紀中葉，英年早逝的日本思想家吉田松陰傳世一幅中堂—「摯誠而不動者，未之有也。」相隔一世紀，感同身受。雖屬墨寶，書法無國界，受益匪淺。嘗引為待人處世的圭臬，生活哲學的藍本。

　　摯是本心，誠是張力。唯有出自本心的善念，才有如實的表現張力。釋放善意和誠心，那是和諧真摯的頻率，沒有虛偽的假面。相形之下，接收頻率的他方，也會回應以相近的頻率，那就是感動。

　　儘管素昧平生，卻能在「摯誠」的牽引下，卸下陌生的外衣，掀開閉塞的心田，彼此開誠佈公，就事論事，在問題的探討過程，同中有異，異中求同，彼此尋求認同的最大公約數，建構最好的共識基礎，為的是成事而非壞事。摯誠不假外求，就在內心深處。摯誠無須被動，而是自然而發。本質上，它是一種善緣因子，隨時蓄勢待發。共事之道無它，摯誠而已。成就之路無它，摯誠罷了。

9. 祝　願

　　事情能夠具有比較圓滿的結果，磨合、調整、溝通、協調等過程，都是關鍵因素的整合，絕非輕易達陣。了然若此，當更加珍惜凡是圓滿的過程。

　　潛力對人而言，是待開發的。具有潛力者猶如未經雕琢的璞玉。潛力一旦開發，後勁無窮。璞玉一經琢磨，行情看漲。

　　無止盡的接力，棒棒相接。在銜接過程中，意謂著精神的傳承。傳承是理念永葆的本質，也是永續經營的支柱。如何維繫傳承於不墜，同念共識乃傳承的核心價值。只要沒有變質，就是最大的祝願。

　　各在其位，各司其職。職位相宜，人人稱頌。另一方面，不在其位，謹守身分；既未司職，豈能涉事。立身處世未嘗不可視之為生活藝術的體現。

　　祝願出於本心，各有歸屬。行其所宜，為其所善，終至各得其所，皆大歡喜。

10.　愉　悅

　　有人提問，根據提問內容，適時適切提供相關資訊，讓其及時解開疑竇或不解之處，看著對方鬆一口氣的剎那，愉悅。

　　一段鼓舞的話，讓有心人開始嘗試書寫本身的各種經驗和記憶，越寫越上手，越來越能體悟寫作的竅門，目睹如此良善的結果，愉悅。

　　彼此商討問題，能夠沉穩思考，提出相對可行的處理方案，彼此努力以赴，果其不然，獲致相當肯定，成果大家分享，愉悅。

　　能耐足以擔當，機會及時把握，市場機制反映用心程度，合作對象日益增多，有口皆碑。肯定是對能耐的讚許，愉悅。

　　沉默只是內斂不語，行動多於言說，低調行事的作風，有助於外緣的搭建。所作所為總能引發外緣的感受，樂於提供適度的奧援，愉悅。

11. 人　生

　　人生於世，送往迎來始終如一，是生命的旋律，節奏乍緩還急，生活步調也隨著調和。生老病苦，是生命成長的現象與徵候，人人必經的生命體驗。這是生命的圖騰，也是成長的印記。每個人一生中都擁有這些個圖騰和印記，差異在於速度快慢與擁有多寡。

　　與其蹉跎人生，不如擁抱人生。蹉跎是消極的悲愁，擁抱是積極的參贊。生活美學的核心價值在於知所應為，為所當為，這也是生命的本質。是以，「知所應為，為所當為」正是知行合一的具體落實，而務實的實踐力則是闡揚知行合一最厚實的表現。古來名垂千古的英雄豪傑就是最稱職的實踐者。

　　面對需要勇氣，認清事實，謀而後動，這就是態度。態度往往是成敗與否的關鍵。嘗言道態度決定一切。雖然只是簡短一句，放眼古今中外家國大事的經緯，不就是這句話最好的見證。勇於面對是積極態度，鴕鳥心態是消極怠慢，如何是好，命運在自己掌上。

12.　名　利

　　名利讓人生事業臻於高峰，名利也讓人生境遇跌落谷底，事業與境遇的順逆，關係或決定人生的走向。面對名利，千百人有千百種態度的反應，關鍵在於價值觀的認定。

　　有的人為追求名利導致身敗名裂，有的人家道中落、有的人妻離子散、有的人深陷囹圄、有的人惹禍上身、有的人浪跡天涯、有的人畏罪自盡、有的人不幸身亡、有的人......。

　　另一方面，相對於追名逐利，也有人淡泊名利，讓自己遠離名利，只求安於現狀，維持安貧樂道的生活美學。而安貧樂道正好是清貧思想的生活境界，不僅是清貧思想的具體落實，更是清貧思想的核心價值。

　　名利對清貧而言，是不折不扣的拒絕往來。不過，話說回來，當今笑貧不笑娼的現實社會，究竟多少人認同清貧思想，值得探討與深思。

13.　默契與同意

　　默契，是心靈的契合，是無言的認同。心有靈犀一點通無疑是最貼切的詮釋。思想、意識、理念、判斷、平行與交集同在。默契等同共識，不言而喻。人我群己的互動，其核心價值就在於默契。它有助於事務的順利推行與發展，結果是圓滿的。

　　同意，本質上具有共同的意識和想法，對事務的推行也有共同的思維和理念。不謀而合是同意的實踐基礎，它沒有外力的干擾，是自發性的決定。是經過思考、評估、判斷的明智決定，這個決定關係到事務的能否順利推行，達到預期的結果。

　　默契與同意，同歌同行。若要事務順利推行絕對少不了這兩個善緣因子。默契與同意，無形中也化解異見和他議。默契的培養，同意的感召，其根本的原動力端在於一片摯誠。

14.　關　懷

　　關懷，源自於良善的本心，對周遭識與不識者的關心。關懷不是憐憫，關懷也非施捨，它是一種尊重的生活態度。日本國寶級童謠詩人窗道雄一生秉持宇宙萬物都應受到同等尊重的理念，關懷就是具體的落實。

　　關懷出自於平等對待，並無尊卑、貴賤、貧富、階級之分，那是最原始的善性，是與生俱來的，在適當時機，適切表示關心之意。關懷也是一種祝願，誠摯期盼受關懷者可以離苦得樂，寒中送暖，是人間至性的表現。

　　有機會釋出關懷，何其榮幸。主動的關懷無異就是一股善緣因子的發散。當前社會很是需要大眾發揮關懷的初衷，讓祥和之氣驅走暴戾。關懷不必遠求，愛在心中，將心中的愛，透過關懷轉化為具體行動。

　　多一分的關懷，就少一分的苛求。愛是關懷的原力，有多少的關懷，就有多少的愛。這個世界需要的是愛與關懷。

15.　承　擔

　　每個人或多或少都有不得不的苦衷，苦衷讓大家卻步，無法承受任務的委託而惋惜。惋惜之餘，只有另覓他途，但不是究竟。

　　承擔是一種勇於面對的態度，也是責任感的付託。一旦樂於承擔，與此同時，助力的匯聚，讓承擔更有活力，對任務的執行與達成，具有相當的助力。是以，承擔是快樂愉悅的擔負。

　　一人承擔，眾人分擔，這是同念共識的落實，也是承擔的附加價值。有鑑於人的勇於承擔，相形之下，他會凝聚願意共同分擔的善緣因子，大家一起共事，反而讓任務更加順遂，也激發更多的肯定與認同，這豈是某些因故無法或推辭者所能體會得出的。

　　承擔讓人長進，厚植實力，增廣見識。承擔也讓人眼界大開，知己之短長，知曉如何取人之長補己之短。承擔更讓人藉此散發生命能量的光與熱。

16.　印象與形象

　　印象不是一成不變，會隨著時間的衍變、觀念的更異、外境的轉換而有所修正，給人的印象或是對人的印象莫不如是。人的行為舉止、態度表現、思想轉變都會影響到給人的印象；當然，也會影響對人的印象。

　　一旦被看破手腳，形象乍然土崩瓦解，所有的努力頃刻之間付諸東流。過去辛苦營造的印象一夕之間破壞歹盡，指責之聲如排山倒海，被壓得喘不過氣；既有今日的狼狽，往昔的盛氣凌人而今安在？

　　形象猶如人的第二生命，能夠始終如一維持形象的良好，予人如沐春風。反之，猶若刺骨寒風，避之唯恐不及。形象的良窳如何，關係到人際關係的圓融。倘若悖理違信，無異自毀形象。

　　印象是短暫的、可變的；形象是恆昶的、永續的。印象和形象不啻是人的註記，是需要維護的，是需要隨時檢視的。

17. 再談關懷

關懷，不是同情。關懷也不是施捨。它是一種平等對待，無有高下之分。係出自於平常心，是自發性的友善行為，主動付出。

關懷是一種高貴的情操，平等施一切。沒有隔閡，沒有藩籬。關懷在傳達一種愛的訊息，關懷者本身就是愛的使者，關懷所到之處，都在散播愛的種籽，期盼被關懷者都能走出悲情。

關懷也可說是一種善性循環，感召則是關懷的後續效應，讓關懷的光譜持續向外擴展，它會激發潛藏的善性，轉化成關心別人的動力。

關懷普遍存在於每個人的善性意識，它具有感染力，而感染力的聚集，就是社會祥和的表徵。社會需要的是關懷不是冷漠；社會需要的是雪中送炭不是錦上添花。

18.　山

　　很喜歡親近山，學習它的沉穩、莊重；親炙它的寬懷、包容；分享它的寧靜、無憂。

　　也許自小生長在黃金山城，日日與山為鄰，因而養成見山心喜的情懷。固然離鄉數十載，再也無法開門見基隆山。而今養浩軒在新店溪畔，每日臨窗與遠方的大屯、觀音二山遙遙相望。

　　日前有幸一訪阿里山，身入參天巨木林中，沿路但見已經完成生命歷程的巨木樹墩，像藝術品般錯置著，又有多少懂得欣賞巨木的剩餘價值及其生命的美感。

　　君自山中來，應知山中事。雖然無法像兒時一樣日日與山為鄰，可心靈深處卻是能夠呼應來自山的呼喚。縱然年華逝去，人世滄桑，山依舊是山；即使兩鬢發白，時光不再，我仍然是我。

19. 心寧似海

　　身陷塵囂煩雜之中，縱然如此，可心如寧靜海，不要連最後一絲希望都要付諸東流。古人即使在人境結廬，卻無車馬之喧；其所憑藉的，不就是心遠地自偏。也是，只要內在寧靜似海，又何在乎外境的喧囂紛擾。

　　每逢退潮時分，新店溪沙洲上，鷺鳥三五成群，或盤旋、或輕步，狀似悠哉。天在、地在、鷺鳥在。天地之間，彷彿除了悠閒，再也沒有其他的了。這樣的情境，這樣的氛圍，豈是我等所能體會得到。

　　猶記高中導師曾經感慨說道「我只想過平靜的日子都不可得。」言下，除了無奈還是無奈。平靜無憂，訴求簡單，卻在遙遠之外。內在一平如靜，拒絕外境的波濤洶湧，至少要有這樣的心懷。

　　三五好友，品茗談心，無關風月，清議時事，只發感覺。很喜歡那種自在的清閒，只可惜，日月讓人各奔西東，前塵往事徒留傷感。看那月明星稀，吟詩詠懷，此情此景，是扉頁的印記。

20.　身　影

　　有位長輩一生清廉持家，生活簡樸。總以為人生不過數十寒暑，辛苦守著家庭，不必定豐衣足食，需要用時不短少，但望家小安康。時日既久，儼成家風，不敢或忘。

　　有位長者一生從事教職，嘗言：「我不一定是好的作家，但絕對是好的教育工作者。」同世代的其他，都在寫作上有所表現，唯獨他長期在校園推廣兒童文學與兒童讀物。

　　一位前行代既是創作、研究、翻譯者，也是資深教育工作者，雖然年逾八旬，筆耕依舊不輟。每每對晚輩鼓勵有加，嘗視為忘年之交。

　　世代相遞，經驗相傳，前已有之，自當相隨步塵。文學脈絡如日月，不可一日間斷。每念及此，常將自勉。相傳啟自於緣，有緣自當賡續。

21. 善　惡

　　與人為善性開朗，與人為惡性閉鎖，善與惡，開朗與閉鎖，完全係於一念之間。君不聞，自古人間苦短多，何必自尋苦短來。何苦，意味著多少的無奈。人之相交，深淺不一。識見相交，異同兼具。既為意見表達，就事論事；共識是根本，明乎此，爭從何來？議從何啓？

　　春風喜上眉梢，諸事和順。但見生機處處，感同身受。處在這樣的情境中，和顏悅色本當是，哪來爭鋒與相對。果真如此，直如吹皺一池春水，瀲灩四起。原本如止水一般的平湖，波瀾頓起，水花四濺。見狀無妨，等待是耐性的考驗，不隨波起舞，只要按捺性子，總會波平浪靜，一往如昔。耐性等待是踏實的生活態度。

22.　臉　書

　　彼此素昧平生，從未謀面，經過臉書的媒介成為文字之交，天涯頓成比鄰，沒有時空的區隔，便於相互傳遞訊息。拜科技之賜，沒有距離，只有遠傳，意謂訊息的傳遞簡直無遠弗屆。

　　喜歡以文字傳遞思想與見解的感覺和方式，這種感覺和方式，未必得到所有人的認同，但要虛心接納不同聲音的表達，感謝指正失誤或不足之處。俗語說得好「嫌貨才是買貨人」。

　　拜臉書之賜，得以和數十年不見的故舊重新取得聯繫，至少透過訊息的傳輸了解彼此近況與安好。這種失而復有的心境堪足告慰自己，故人別來無恙。經由臉書傳輸衷心的問候和祝福。

　　古云「秀才不出門，能知天下事。」而今，臉書也具有類似功能。透過臉書，的確能夠增廣見聞，增益己所不知與不能，同時也能將己之所思所想與眾分享。

23.　人際關係

　　從人際關係可以衡量一個人為人處世的態度與心向，也可以瞭解一個人的好惡、個性和脾氣。近朱則赤，近墨則黑，適足以詮釋人際關係的真諦。身處在詭譎的現代社會，如何妥善處理自身的人際關係，誠然是無可避免的生活課題。可惜的是，很多人都逐漸忘卻或者漠視人際關係的重要性，導致無法妥善處理人與人的關係。

　　與人為善或是與人為惡，全然繫於一念之間。為善則如魚得水，為惡則如履薄冰。前者有如紅花綠葉相襯相得，同蒙其利。後者有如兩兵相接，一觸即發，災禍同當。人際關係之於人，由如人緣的試金石；春江水暖鴨先知，預知人際關係若何 ？端視其人緣即可知曉。既然明白人際關係的重要，我們又怎能等閒視之呢 ？

24.　文章與閱讀

　　作者書寫文章最感安慰的是讀者回饋。回饋或許是認同見解、或許是留言相應、或許是陳訴異見。無論採取何種方式，純粹是意識交流，不涉及好惡；純粹是溝通想法，互通有無。樂見這種良性互動在人我之間流轉。

　　人之相交，知心為本。只要忠於良善的本心，對於作者作品的任何批評指教都應受到基本的尊重。也唯有相互尊重，才能提高互動的和諧度。尊重是生活美學的一環，也是人際關係的一環。適時表達對他人的尊重，應該是不錯的選擇。

　　閱讀別人的文章，適切調整閱讀的品味，是基本的閱讀態度。寫一盤閱讀的好菜，翻動讀者的味蕾。留給讀者更為寬廣的閱讀空間，以及揮灑心得的心靈園地。文章不啻成為作者和讀者交流的最佳媒介，也是作者和讀者交流的重要平台，更是作者和讀者對話的唯一窗口。

25. 論「爭」

揖而昇，下而禮，其爭也君子。君子之爭，揖禮為要。當今社會，亂事如麻，爭鋒相對，每每怒目而視，言如刀鋒，如何完事？此等鏡頭，屢見螢光幕，真是最不得體的社會教育，也是最為負面的教育內容。最好的方法，就是不讓視聽受到污染。

數十年前號角出版社曾經出版一本《傳家寶》，一位女作家以一句「縱然爭到又如何」奉為傳家之寶。為了爭，小到手足反目，骨肉對薄公堂；大到國破家亡，流離失所。爭之為害，莫此為甚。遺憾的是，此等戲碼，日日、月月、年年在國內外反覆上演。

爭是一種嚴重的心病，心病不除，永無寧日。小至個人，大至國家，因爭執而導致內亂，百姓成為內亂的終極受害者，內亂一日不停，百姓就得被迫遠離家園，逃難維生。

26.　人和爲貴

　　古來太平盛世，往往取決於政通人和，百姓安居樂業。對庶民而言，沒有甚麼比生活在安和樂利的社會環境更好的了。相形之下，現今社會處處爾虞我詐，誠信蕩然無存，人和為貴談何容易。

　　人貴自知，知己之不足，所以長進。自知獨力難為，結合志同道合，視為首要。學習稻穗成熟的垂首姿態，謙沖為懷，尊重有道之士，汲取他人之長，填補己身之短。自知而後合群，化個性為群性，何事不成？

　　知人之明，非一朝一夕，是經驗累積的實證。善任之舉，是明智抉擇，是對人的價值和能力的肯定。知人之明是智慧的體現，眼光精準，用人才德兼備，任事充分授權，上下一心，其利斷金。

　　人和為貴不能徒託空言，也不是美麗的口號，而是要確確實實身體力行才能開花結果。它也是一種善性的認知，即知即行，處處散發出祥和之氣。

27.　化性而爲

　　每個人無論在家庭生活、校園生活，乃至職場生活，往往同時扮演不同的角色。這種角色扮演，如何能夠恰如其分，入木三分，端賴「化性而為」的程度若何。古今中外屢見君不君、臣不臣、父不父、子不子的錯亂演出，徒增笑話趣談，不足為訓。然而，君君、臣臣、父父、子子的化性演出，史篇也屢見不鮮，足為後世典範。

　　身為觀眾，在看戲、入戲、出戲的三段式過程中，是否能夠保持觀眾的超然，就看個人的定力。有些人太入戲，成了戲中人而不自知，重要的是出戲才是關鍵。否則，看戲者反而成為被看戲的戲中人。這未嘗不可視為因角色扮演失當而引發的怪象。

　　另一方面，一位稱職的演員無論飾演何種角色，都能夠引發萬千觀眾熱烈的迴響，此無他，從揣摩角色到臨場演出，演員就是角色的化身，角色與演員合而為一，當然會激越觀眾的高度共鳴。

28.　遇　合

　　人與人之相遇，絕非偶然，其中自有宿緣存在。彼此同樣都是大千一塵或是滄海一粟，能夠相遇，自是有緣。既是有緣，理當惜緣；嘗謂「結善緣，解惡緣。」這是維持人際關係的基本態度。人生苦短，彼此何不解怨釋結。至於如何發揮運用之妙，完全存乎一心。

　　知性相容，何來紛爭？你退我讓，相生相融。這樣的人我互動，只有和諧，沒有矛盾；只有融通，沒有頓塞。彼此保持適當距離，讓大家保有迴旋的空間，避免偶發事件的擦槍走火，進而形成由熟識轉向陌生的導火線。

　　前車之鑑，後事之師。雖是至理名言，可惜，健忘往往是讓人重蹈覆轍的主要因素。慣性會導致螺絲鬆懈，造成機械故障；特別是不自覺的慣性，往往會傷人於無形。即便事後表達歉意或是感到懺悔，一切都無濟於事，因為傷害已經造成。

29.　自然

　　心靜而後意定，心意靜定，外境何影響之有？但若心潮起伏不定，意念競相飛馳，任何風吹草動，都會受到波及。凡事由內而外，由近及遠；通常是有步驟，循序漸進。

　　身正不怕影子斜，行事當然心安理得；為人進退有宜，何來嫌惡之有。每每親近山林，但見青蔥翠綠，濃淡深淺不一，同生共存的植物世界。同樣是生命體，何以林相是那麼的自然蓊鬱？何以人類社會卻是你爭我奪，兩相對立？

　　大凡諸事順其自然，知其所以。自然而為，何來不當？既知所以，失當何有？在不自然的氛圍壟罩下，做任何事無法盡如人意，總在意料之中。勉強行事，障礙忒多；若是一意孤行，則將陷自己於灰頭土臉的情境而無以自拔。

　　凡是順勢而為，一來障礙遁形，阻力難成。不僅障礙與阻力無以現身，反而促成助力的自然形成，加快成事的速度。當然，若是逆勢而為，成功的機會不是沒有，只是微乎其微。

30. 尊重與身段

　　尊重是自發性的禮貌行為表現，發自內心真誠的敬意。舉手投足之際，應對進退之間，在在都有尊重的影子。出於肺腑，在於行為舉止，都有尊重的意涵。一個懂得尊重他人者，相信本身也是一位被尊重的對象。

　　自尊人人皆有，身段人人皆有。自尊與身段之於人，言人人殊。有人礙於自尊而放不下身段，以致讓自己陷入進退不得的兩難情境。有人放不下身段只為了維護自尊而捨棄下台之階，並得面對尷尬的鏡頭。

　　林海音之所以享有「文學的引渡者」的尊稱，是文壇對其一再發掘、鼓勵年輕有潛力的文學寫作者的表現表示尊重之意。林鍾隆被鍾肇政譽為「全才性作家」，是因為他在小說、散文、現代詩、少年小說、童話、童詩、兒童散文等文類的創作、翻譯、評論、編輯等都有傑出的表現。黃春明被尊為「小人物的代言人」，也是他在小說作品表示對台灣庶民社會階層的關懷，善盡文學家的社會責任而有以致之。

31.　共識

　　共識肇始於彼此心意相通、理解相近。共識築基於彼此對見解的認同與溝通。它是循序漸進的，在異同之間尋求彼此都能接受的程度，這不是一蹴可及的。共識是耐性與時間的結合，也是完事的礎石。

　　手邊最常悅讀的是《清貧思想》一書，每當看完一個段落，總是清心滿懷，恬靜是當下意識。翻到幽默處，會心一笑，總認為是和作者心靈最接近之時。讀者和作者交會的剎那，就是心領意會的最佳實證。

　　讀者的回饋往往是作者最樂於欣見和接受的。良性的反應是對作品辨識度的肯定。作者和讀者經由作品產生交集，因交集而產生共鳴，是以，作品往往成為兩者之間最佳的交流平台。

　　讀者透過作品閱讀，理解和認同作者的見地，而理解和認同本質上就是共識。作者經由閱讀回饋，接受和明白讀者的反映，而接受和明白本質上也是共識。共識是良性意識的締結，是共同存在於作者和讀者的心靈深處。

32.　詩是一種頻率

　　人是群棲的生物，相互關懷、慰勉、鼓舞等是天性，也是人道。合和是人際關係圓融的表徵和測度，如何化個性為群性，讓自我融入群我，如此作為，爭論和紛擾的溫床無以孳生，何樂而不為。

　　詩是一種頻率，是發射也是接收。詩是心靈的語言，感動是良性的反射，是頻率的躍動。一首好詩，足以撫慰成千上萬災民受創的心靈。日本國民作家宮澤賢治的〈不要輸給風雨〉就是成為 2011 年 3 月 21 日日本福島核災災民的最大慰藉。

　　原本素不相識，就肇因於相同的興趣而結為文友，以詩詞散文為傳輸，彼此在心領意會之餘，「以詩詞會友」的感覺開始讓自己除兒童文學之外，在台灣文學的領域依然找到可以抒發的天地，依然可以有立足之地。天地的抒發以及有立足之地，都歸功於具有相同頻率的文友的鼓勵與讚詞。

33.　順其自然

　　順其自然，一句極其普通的話，卻蘊含「順」與「自然」兩個要素。這兩個要素具有連帶關係，順就自然，自然就順。凡事都有一定軌跡可循，而不是毫無章法的。依照軌跡和章法行事就是順，水到渠成乃自然之事。

　　順其自然，亦非推託之詞。有些事豈人力所可挽回，不如順其自然，或許還有轉圜餘地；否則，兩相堅持之下，互不退讓，水火不容，徒使局面更加僵硬而尷尬，甚至一發不可收拾，這豈是事發之初所可預料之事。

　　順其自然，其中不無期許之意。常言道「船到橋頭自然直」，或謂「水到窮處波無痕」，這都是極其自然的。順其自然，其間也隱含祝福之意。和順在先，自然在後，理在其中。

　　順其自然，本是天經地義的事。天行健，日月星辰運轉總是依循一種看不見的軌道運行無礙。天地萬物同生共長，其間也是依循一種看不見的法則共生共榮。

34.　自　信

　　人必自信而後人信之，自信尚未建立之前，任何來自他者的信任都有如空中樓閣，可望不可及。自信亦非一蹴可及，而是經年累月在挫折中汲取失敗的經驗有以致之。一個缺乏自信者又如何期待獲得他者的信任？

　　百鍊成鋼就是自信的表徵。越挫越勇的精神無疑地將是滋潤自信的最佳養分。吾心信其可行則可行，這就是自信的行為意識。自信可擴大成為共信，以同念共識為基礎，經由共事而完事，完全歸功於初始的自信。

　　他者肯定或可視為幫助建立自信的一帖藥方，藥方效力則因人而異。過分倚賴他者肯定而起的自信，與憑一己努力而建立的自信，兩者之間的效力自有其懸殊之處。至於採行何種方式，端視個人造化。

　　自信心可以幫助自己解決所面臨的諸多問題，累積處理問題的經驗之餘，或可分享給有遭遇類似問題者，這種分享可視為善性的闡揚，也是給缺乏自信者的精神鼓舞，協助早日甩開缺乏自信的陰霾。

35.　對話窗口

　　縱然素昧平生，海角天涯，彼此卻能夠經由作家作品，經由網際網路，找到對話窗口。拜科技之賜，作者和讀者，透過「以文會友」的模式，讓資訊即時分享，讓天涯若比鄰成為不爭的事實。

　　文友彼此之間，有些原係舊識，有些則是新知。發文和留言成為彼此交流的管道，久而久之，窗口的雛型初具，「陌生的熟識」讓彼此經由空間的陌生進而成為「認知的熟識」，蠻喜歡這種似遠還近的感覺。

　　心靈的契合肇始於作品引發的感動，縱使感動程度不一，並未影響大家對作品的肯定。這些作品文類，或詩、或詞、或散文、或小說；表達形式或抒情、或論述，卻總是兩兩相宜。

　　至於舞蹈家透過舞蹈、戲劇家透過戲劇、畫家透過畫筆、音樂家透過演唱、作曲家透過音符等等，舉凡這些不同形式的表演渠道，都是他們和觀眾的對話窗口。

36.　文學欣賞

　　人間至性的表現在於無私崇公的精神，文章千古事，人海覓知音。書寫具有轉換、移情、療癒的多元效能，在書寫天地可以任意揮灑，沒有拘束的枷鎖，沒有情緒的負擔，極盡天馬行空的能事。佳文天成，何須雕琢？美句自有，何來堆砌？

　　每見佳文美句，總讚嘆作者文思如泉湧，遣詞用句，每有獨到之處。欣賞是優美的生活態度，懂得欣賞的竅門，無疑就是成功的逆作家。不見得都要成為作家，做個懂得欣賞的讀者未嘗不是賞心悅事。尤其是乍然讀到絕詞妙句的當下，更是為之鼓掌叫好。

　　文學與人生，相生相融。文學的丰采足以美化人生，人生的歷練足以善化文學。文學與人生的交集在於真性的彰顯。多彩的文學，多彩的人生，交織而成多彩的文學生命。文學因人生而豐美多姿，人生因文學而變化萬千。生命若此，夫復何求？

37.　知音與好風

人生難逢一知己，芸芸眾生何處尋？往古伯牙絕弦於子期，痛知音之難遇。山高水長，今之伯牙子期安在？的確，雖未至千載難逢，倒也是不爭的事實。君不聞，相交滿天下，知音有幾人？茫茫人海，知音何處？此其間，蘊藏多少的期盼、多少的渴望、多少的祝願。

好風扶人上青雲，知遇貴人感情恩。知人之明相對於知遇之恩，交集在於「緣」。緣繫於提攜後進，助一臂之力，關鍵時刻做關鍵事，影響深遠，這是「好風」的真諦，青雲之上，盡情揮灑而後已。借力使力，精進增上，以報知遇之恩。

平心靜氣以應事，和顏悅色以待人。這是自我期許，也是嚴肅的生活態度。多元的角色扮演，如何拿捏得宜，都是功課。如何得遇知音，如何扮演好風，人的一生不就是學習的過程。即便不遠處就是從心所欲不逾矩，還是希望春風沐人。

38.　清明掃墓

　　沿著瑞金公路一路蜿蜒直上九份，雲霧壟罩整個山城，車在霧中行駛，及至隔頂，沿途盡是返鄉掃墓的車流。雲霧、春雨、山風、家族，描繪出一幅幅雨中掃墓圖。年年掃墓，風雨總是相隨。每個家族成員，都在這個掃墓的季節克盡慎終追遠的情懷。

　　雲霧壟罩的山城，的確別有一番風味。雨中的九份，多了一份濕冷的感覺。如今的九份固然已被外來經濟力入駐，而漸漸失去山城原貌。縱然如此，山城的風華絕對不會默默地消逝，相反的，九份永遠不會在人們的記憶中消褪。

　　回程途經舊道，適逢一團身穿雨衣的遊客陸續湧入基山街，開始他們的九份之旅。觀光就是觀光，景點就是景點，無有晴雨之別。常言道萬物靜觀皆自得，四時佳興與人同。九份的景色，無有春秋寒暑之別。其實，雲雨瀰漫的山城，的確別有一番情味。

39.　有多少能耐做多少事

　　歷久以來，但凡做任何事，只求盡心盡力，就怕力有未逮。能夠有機會做一點有益大家的事，總是心存感恩。有位長者期許有幾分資料，說幾分話。誠哉斯言。尤其是從事文史工作，更應抱持這種謹慎的態度。無徵不信，不希望以訛傳訛，造成錯誤的認知。

　　為了資料的正確無誤，往往費盡時日，當年為了某事遍訪耆老，由於時過境遷，耆老的記憶總是逗留在或許、好像、可能、大概等模稜兩可的不確定語詞當中，還好在某位作家著作的〈後記〉找到間接資料。一則感恩皇天不負苦心人，再者確信天下真的沒有白吃的午餐。

　　謹言慎寫，尤其是被視為某領域的專長者，大家會以較高的標準衡量其著作，這完全肇因於大家會以其專著視為研究參考的重要依據。儘管如此，每當專業被列為或引為參考文獻時，那是這些被視為專長者最感欣慰的，這是對專長者多年心血的肯定。

40.　誤會與釋懷

　　人際關係的維持是相對的、互動的；排斥或是無視人際關係的存在，我行我素，這將使自身與人際關係越行越遠。不是大家的背棄，而是自身拉長與大家的距離。要明白的是，這個距離有朝一日將會形成一道無法跨越的鴻溝，只要鴻溝一日存在，另一道無形的藩籬也就永遠存在。

　　溝通是一門說話藝術，一方面表達己方的見解，讓他方瞭解；一方面傾聽他方的想法，供己方參考。有道是上情下達、下情上達；或謂內情外達、外情內達。而「情」與「達」就是雙方溝通的要素和管道。人與人之間需要溝通，政府與百姓之間更需要溝通。

　　誤會因缺乏溝通而孳生，瞭解因充分溝通而釋懷。可惜的是，當今社會往往誤會的多，釋懷的少。是以，誤會與釋懷，取決於溝通的有無以及溝通誠意的多寡。日本近代化先驅者吉田松陰名言「摯誠而不動者，未之有也。」何嘗不可視其為溝通藝術的圭臬。

41.　資訊提供的平台

　　一個人長期浸淫在某種領域，儘管是默然為之，就是有人會聞風而至。人之有無，一試便知。有幾位長輩先後曾經對一位默默耕耘者讚賞「你的努力，我們都感受得到。」一些後進也曾由衷向這位表示：「您的付出，我們都領受得到。」舉凡肺腑之言，都是最好的精神鼓勵。

　　能夠適時提供資訊給需要者是令人愉悅的事，需要資訊者能夠當下得到提供者的協助，也是令人欣慰的事。本質上，資訊的傳輸與獲得是通暢的，需要與滿願是無虞的。在資訊流通方面，平衡是首要的；可惜很多的事都肇因於供需失衡，更因為供需失衡而亂象叢生。

　　有些人會扮演及時雨的角色，適時適切提供必要的協助，無論這種協助出於主動或是被動，都是讓人感覺愉快。才有所用，有所發揮的餘地，是真才。真才經得起淬鍊，配得上實用。其實，若有機會扮演及時雨的角色，何嘗不是人生一大樂事。

42.　寫作與閱讀

　　打從親近文學、賞讀文學以降，始終深信它不僅能夠改造人類的心靈結構，更加能夠發揮無限的提昇力量。此等睿智之語，確然如此。書寫文學作品，無論詩詞散文，那是一種情境的抒懷與感動，而非無病呻吟，故作姿態。文學在於彰顯真性，而非假意。

　　欣賞文學作品，與本身心性有直接關係。適性閱讀，與作者作品找到能夠產生共鳴的契合，不一定人人成為作家，只要能夠從中找到身為讀者可以自負之處，那就善盡讀者的本分。從閱讀過程中，深刻感受到可以和作者產生合鳴的核心價值。

　　寫作與閱讀都具有情緒轉移和療癒的作用，日本國民作家宮澤賢治的〈不要輸給風雨〉、療癒繪本作家伊勢英子的繪本，在在都具有撫慰受創心靈的療癒作用。這可視為文學家善盡社會責任的事例之一。以生命的熱誠關愛人生，凡感人至深的文學作品莫不皆然。

43.　上天有好生之德

　　人生而無友，何異於汪洋大海的一葉扁舟，孤寂無援，若缺乏堅韌的求生意志，消逝是唯一的選項。既然生為人身落凡塵，豈可自我孤立？　孤立是自掘鴻溝，拒他人於千里之外；人是群棲生物，離群孤立不啻違反群棲本性。孤芳固然可以自賞，可惜卻侷限在自我和小我的格局。

　　上天有好生之德，為日本最大縣─岩手縣孕育出國民作家宮澤賢治。他是位標準的生於斯、長於斯、寫於斯的在地作家。他擁有宗教家的悲懷、文學家的情懷。一首〈不要輸給風雨〉的長詩，不啻是聞聲救苦解難的觀世音菩薩。他的悲懷與情懷，充分彰顯了文學家的社會責任。

　　文學是有情感的，文學是有生命力的。沒有情感的文學，缺乏生命力的文學，就如同一朵朵沒有生命力的塑膠花，外型雖然艷麗無雙，可卻聞不到生命的芬芳；徒有美麗的外表，卻空乏生命的內涵。作品在精不在多，一首詩、一篇文章就足以傳誦千古。

44.　必然與偶然

　　人的一生，總是在必然和偶然之間擺盪，兩位台灣作家就是鮮明的例子。張彥勳是從必然到偶然，這位生於斯、長於斯、老死於斯的在地作家，一生從事文學創作，萬萬沒有想到後來竟罹患青光眼，在〈我瞎了一隻眼睛〉深刻描寫整個的前因後果。至於鄭清文則是從偶然到必然，他從事寫作，起初只是想賺點稿費，但五十多年的歲月，卻讓他已經由偶然逐漸變成必然。

　　王禎和生前曾經表示「一個真正的好作家，是要經過歲月的磨練和人生的體驗後，仍然能夠保留住年輕的感性而和隨著年齡增長的世故與理性合而為一，只有在這種情況下，才能寫出真正深刻感人的好作品。」誠哉斯言，王禎和這一席話不啻是給好作品下了個最好的註腳。年輕時的感性和年長時的理性雙性合一，照此水準睽諸目下文壇諸君作品，所謂的好作家與好作品，自有其一定的尺度。

45. 經驗與學習

　　經驗是一連串成敗的積累，記取好的經驗好上加好，檢討不好的經驗痛定思痛。經驗分享是建立人際關係的過程，是愉悅的、是情願的。經驗分享也是建立自我信心的過程，是輕快的、是興奮的。由是之故，能夠與眾分享既是緣分，也是感恩。

　　他山之石，必有可供學習之處。每一事件始末都有足資學習借鏡的契機，經事長智，學習是循序漸進。精髓與皮毛端視學習者精進態度有以致之。學習有其進程，操之過急難免造成畫虎不成反類犬的窘態；惟若虛心受教，反而受益匪淺。

　　虛懷若谷，誠如水到窮處波無痕的情境，內斂是修為的表徵，也是出塵的意象。當眾皆爭相出頭之際，如果能夠逆向思維，內斂無疑是可行之道。爭相出頭自會曝露其短而不自知，內斂適足以鎖其鋒芒，遠離耳目，面對生命的真實。值此凡事皆因強出頭的當下，內斂絕對是明哲保身之道。

46. 投　緣

　　友朋之間，投緣是維繫良好互動的要素之一，識見相近不排斥，話題共趣不失真。有友如此，復有何求？既是投緣，理當惜緣。珍惜本身就是一種生活態度，也是對投緣的友朋的尊重和禮貌，珍惜就是秉持真摯的心，重視並維持人際關係的善性發展於不墜。

　　話不投機，半句都嫌多。這是人際關係的逆向發展，也是人際關係發展的畸形現象。人既是群棲的社會性生物，互動是潛意識的本能。孤僻、冷漠、高傲、挑剔，往往是人際關係良好發展的障礙，這些個心理障礙不就是造成話不投機的潛在因素之一。

　　相近無礙，習性與心性相通，原本就是可以促膝長談的對象。談到共鳴處，兩相會心一笑，一切盡在不言之中，多開懷。彼此有節有度，比較不會造次；何者可說，何者不說，彼此心照不宣，會意即可。心犀相通，心誠映真，友情恆昶如斯。

47.　人性點線面

　　船過水無痕。事過境遷，情未移。船雖過，水雖無痕，而憶長在。表面表相縱然如此，可內在心緒是否也如過眼雲煙，卻是因人而異。有的人早已拋諸九霄雲外，不復記憶；有的人卻是朝思暮想，戀戀不去。如果一直活在過去的歲月，又將如何知曉未來的事？

　　星隨平野闊。人之器量，胸懷遠大，不拘泥世俗，但絕未驚世駭俗。凡事從遠處著想，由近處下手，一步一腳印，一沙一世界。不空思妄想，而是理想的落實。與其茫無頭緒，不知如何是好；莫如心頭拿定，步步淡定。總之，圓夢是福，築夢踏實。

　　眼不見為淨。果真如此嗎？其實不然。那是移情的心理作祟，基本上還是念茲在茲的。務實是面對問題的積極態度，也是問題解決的良方。眼不見為淨，圖個清靜畢竟也是短暫的，問題依然存在。設法脫困解厄才是上道之策。不面對問題，就讓問題來面對，屆時或許要花費更多時間來面對更加棘手的問題。

48.　台灣人的韌性

　　台灣人的韌性真強，在半個世紀內經歷兩次的語文(言)學習經驗，一次是日本殖民統時期的「去中國化、再日本化」，要台灣人學習國語 (日本話) ；一次是中華民國政府播遷來台的「去日本化、再中國化」，要台灣人學習國語 (北京話)。

　　日治時期台灣青年出路有兩種選擇，一是前往內地(日本本土) 留學，一是前往中國留學。前者如張耀堂、呂赫若、巫永福、翁鬧等；後者如洪炎秋、張深切、張我軍等。無論留學日本或中國，這些知識青年在日治時期無論在學術上或是新文學方面都有相當的表現。

　　每一時代都會有孕育該時代的文風，日治時期是歷史的偶然所釀成的一齣戲。台灣人的處境是尷尬的，是無可選擇的。是以，新文學作家作品無疑的是代表台灣人內心深處的吶喊，透過文學作品對殖民統治者進行柔性抗爭，善盡身為文學家的社會責任。

49. 中庸之道

　　唐代藥學家孫思邈在其《千金備藥》一書中曾提及：「食不過飽，飽則傷身；飲不過量，過則傷氣。」這兩句話，對飲食而言，中肯、實際兼具。對斷食而言，更是金言玉語。飲食調整是漸次性的，是按部就班的，不宜操之過急。斷食就另一層次而言，是身心靈的整體健康，在這樣的前提下，進行斷食才有真實意義的存在。

　　行事過猶不及，總是缺之一角。有位長輩曾經語重心長的提示「你的名字，多一筆和少一筆都不行，容易寫別字。」意即在人生道上，要能不偏不移，採中庸之道。的確，凡是不移急功近利，而是循序漸進，厚植實力；培養耐性，適時而動。當一切準備就緒，時機居臨，散發生命的光熱能，將是水到渠成。

　　凡事知易行難，就是因為這樣，所以要時時提醒自己，不要偏離應行之道，隨時修正方向，朝正軌前進。

50.　作家與作品

　　作家作品一經出版問世，讀者便可透過版面設計多少了解作者和讀者的微妙關係。尤其是散文，更可看出作者對讀者的貼心程度，而貼心程度的有無，以及貼心程度的高低，或許可以反映在讀者的回饋。

　　有些作者除了大標，還有中標和小標，讀者只要透過標題，就很清楚明白作者的構圖。每一標題彷彿為讀者設想稍作休息，啜口茶或咖啡再繼續閱讀。這種人性化的段落設計或考量，有為讀者閱讀便利性著想。

　　另一類作者雖然沒有明顯的標題和段落，但會以空行或以○※表示，儘管在閱讀過程中感覺不是挺好，至少也讓讀者有喘口氣的機會，不致於感到有閱讀障礙的存在，這是對讀者最起碼的尊重。

　　最不可思議的是有些作者或許植根於寫作習慣，除了篇名，整篇從頭到尾沒有任何段落，沒有任何可以讓讀者喘一口氣的餘地，閱讀這種作品，除非一口氣讀完，否則難過至極，不會再有第二次的閱讀。

51. 好風扶人

　　在人生道上，能夠有幸遇到好風的確是緣分的牽引。每一成長時期，總是能夠相識年長的朋友，在各方面的確惠我良多，對於這些「忘年之交」的長者，無時或忘。只希望自己也能夠效法前賢，對需要幫助者及時伸出援手，使其能夠順利完成未竟之工作。這種良緣的締結與賡續，是人生美善的一面。再者，也深信良緣相繫無絕期，是真性的顯露，也是至性的表現。

　　每逢接到素昧平生的他方，詢問或請益有關個人專業領域的事項，無論其身在何方，日本、香港或是台灣，透過電郵很是便利。只要能力所及，儘量遂其所願。之所以如此，只是步前人或長者之後塵，提供個人淺見或是資料以為他方研究之參考，如是而已。更且個人在文史研究過程中，得力於前人或長者指示迷津以致受益良多。而今，只是抱持回饋他方的心情樂意為之。

　　能夠有機會協助別人完成所要進行的計畫，的確是件愉快的事。即便自己手邊剛好沒有對方所需資料，也會告知何處或許可以找得到。

52.　呼應與交流

　　呼應是良性互動的表徵之一。讀者對作者文章或作品內容予以正向的回應,對作者而言,簡直是莫大的鼓勵。一來一往,識見相當,每一共鳴點,會是彼此共同成長俱進的契機。再者,一呼一應,不僅擴張視域,更且會綻放出智慧的火花。

　　無論是「墨餘隨筆」、或是「書齋隨筆」或是「詩詞小語」,都是隨興之所至,無特定主題、無特定對象、無心理負擔;既是隨筆,或是詩詞小語,當即點到為止,沒做深入探討,不過就是生命與生活的點滴。能夠和大家分享心靈的喜悅,也從大家的回應感受到祝福,這種良性互動的感覺真好。

　　固然是以文會友,固然彼此素昧平生,但是透過文字以為傳媒,讓你我他從此結為文字之交。有感而應,有應而答,應答之間,是經驗的分享與交流,是理念的契合,也是建立共識的礎石。這樣的交流,超越時空的隔閡,凝聚彼此的情誼。

53.　以人、事為師

　　山頂老者語重心長的表示：「一個人為人處世若是讓人存有戒心，敬而遠之，那就意味行事作風或有可議之處，如若不然，何以至此？再者，與之相處，如寒風刺骨，避之唯恐不及；未若如春風所至，和氣興旺，願意親之近之。」老者剴切之語，銘記在心。

　　以人為鑑，也可以事為鑑。以人為師，也可以事為師。生命過程可供學習之處不知凡幾，隨時隨地保握可以幫助自我成長的機會，良機不可失，良緣不可散。只要心存善念與感恩，學習常在左右，成長就在須臾。雖是老生常談，但要覺而行之，方才見效。

　　人生於世，相交相知一場，的確彌足珍貴。可以想見無朋無友者，那種悲涼苦寂的心態，何以至此境遇？既非同情，亦非憐憫，而是思想其人生的離合悲歡，思想其如何脫困解厄，思想其如何從無朋無友的社會邊緣者感受溫情的召喚與慰藉。

54.　生活與詩

　　從生活入文，從生活入詩，以詩文與眾分享，未嘗不失為人生樂趣之一。文人或詩人對周遭感覺的敏銳度，總是成為入文或入詩的契機。一體同觀層次別，無顏大慈悲心懷。人事地物都是為文的素材，至於如何端出一篇好文，或是一首好詩，那是一門藝術，運用之妙存乎一心。

　　隨文入觀，導引至作者發想之初，與其思維、文義產生聯結，透過文本的閱讀空間，與作者產生某種程度的交集，這個交集意謂著作者的通關密語，或是說雙方找到相似的頻率，進而產生共鳴現象。這種共鳴現象是作者和讀者所樂以見到的，這種共鳴現象反映出彼此找到識見相近的共同點。

　　生活周遭無一不是可以入詩的素材，端視詩人如何加以剪裁，將這些可以入詩的素材轉換成一首首充滿美感的詩作。詩是生活的調色盤，生活是詩的彩繪。

55. 生命的熱愛

　　人生在世，經事長智，合當知所應為，為所當為，此之謂知天命。及早知命，所發揮生命的光熱能，將會拉長時效，更顯彰能。如若不然，豈不成為隨波逐流的浮游。人生有限，轉眼將居，何不將生命力極大化，努力而為；自棄無異枉為人身落凡塵。

　　很多生命鬥士之所以不向命運低頭，是因為強韌的生命力讓他們找到和世界對話的窗口。或經由寫作、或經由作曲、或經由繪畫、或經由舞蹈，或經由……，讓他(她)們重新找回生命的新希望，再透過上述諸多途徑，到處受邀分享他(她)們的生命史。

　　連肢體殘缺的生命鬥士都不放棄對生命的熱愛，反觀肢體健全者又怎能輕易放棄求生的毅志。這種兩極化的生命構圖難道無法引發大家的省思。殘缺者只是生理的缺憾，可內在卻是完美無缺的。有道是「天殘人不殘，人殘心不殘。」而健全者反倒是生理健全，內在卻是六神無主。

56.　與自然為鄰

　　人生際遇，多雲時晴偶陣雨；人生路途，峰迴路轉又見村。了然若此，當即寬心釋懷；覺知覺行，何來頓挫鬱悶？天生萬物以養民，民依何物以報天？蒼天、萬物、人類三者形塑生命鏈，自有人類以來，不就是此一生命鏈的衍示？只是人類似乎並未重視上天好生之德。

　　每當處身山海之地，頓覺自身之渺小而微不足道。山川之浩瀚，每有可供效學之處，如山之穩重、如海之壯闊，心境隨之寬衍，一抒胸臆之悶氣。天在、地在、山在、水在、我也在。說真的，能夠與山川大地同在，何幸之有？而人類卻往往錯過再錯過。

　　從自然的山海回到不自然的都市叢林，彷如洗滌塵囂之後的清爽。是身心的調息，是氣息的轉換。這是生活習性的更迭，身在凡塵能不染塵者幾稀？重要的是要知道如何自我調息和轉換。根塵不去，清閒何來？塵囂滿身，何有優閒？嚮往自然，與自然為鄰，自是可以。

57.　一句話

有些時候，由於長者或是前輩的一句話，進而啟動後輩嶄新的生命之頁。就植根於那一句話，開啟了後輩從事文學寫作的鑰匙。就奠基在那一句話，形塑了後輩的文學與人生。由是，足見一句話所能產生的影響力，的確是無可限量的。

有些時候，由於看到某一作品，諸如名人墨寶，而受其影響者也時有所聞。以個人經驗而言，二十餘年前曾經在日本伊豆半島靜岡鄉土博物館觀賞日本近代化先驅吉田松陰的中堂墨寶—「摯誠而不動者，未之有也。」當下甚受感動，一直以來，始終奉為做人處世的圭臬。

抑或是某一本書的某一句話，看似平常，卻頗富哲思。《傳家寶》這本書有一篇名為〈縱然爭到又如何〉，有些人就為了爭一口氣，導致兄弟姊妹形同陌路，親戚朋友反目成仇。就為了爭一口氣，弄得灰頭土臉，狼狽至極。這又是何苦？

有道是「一言興邦，一言廢國。」一句話何其謹慎啊！

58.　分享與交流

　　經驗的分享與交流，是自發性的互動。沒有矯飾，沒有藏私，只有將歡愉帶給大家，分享喜樂；只有真摯的流露，失敗與成功的過程，都是一種借鏡。一次次的聽講，汲取的是他山之石，可以攻錯的核心價值。經驗的分享與交流，未嘗不可視之為身影的再現，未嘗不可視之為取人之長補己之短的最佳契機，未嘗不可視之為主動性的付出與滿願。

　　真性的彰顯在於行為舉止之際，在於坦承不假的自我剖析，在於赤子之心的自然流露。言不由衷，如何彰顯真性？顧左右而言他，導至真性不彰。內心別有企圖，導致真性受到蒙蔽，表露在外的徒然只是虛心假意。在利慾薰心的當下，真性早已被拋之九霄雲外。

　　當價值觀完全被扭曲時，真性隨風飄散。當謊言到處興風作浪，真性的價值簡直一落千丈。無論世風如何日下，無論世風如何敗壞，不患真性喚不回。

59. 良性互動

　　一篇文章或是作品，能夠引發讀者良性互動，這種互動有些植根於個人的單獨記憶，有些植根於大家共同的集體記憶，本質上都屬於善性回饋的一環。

　　這種互動是基於作者和讀者共同的認知，由認知激盪出呼應式的共振作用。

　　這種良性互動是發自內心真摯的回應，也是彼此共同的經驗分享。相信每位作者都會期待來自讀者的良性互動，這種期待是值得肯定的，也是值得被肯定的。

　　若要取得別人的認同，可先要明白如何認同別人。你不認同別人，又將如何贏得別人的認同。認同是相對的，不是對立的。文章或作品蘊藏作者的理念與思想，這個理念和思想，就是作者化之於無形的通關密語；讀者勢必要先理解作者的通關密語，解碼之後，才會有所回應。這個回應，就某種意義而言，就是理念和思想的認同。

60.　文學無國界

　　文學無國界，文學是促進文化交流很好的媒介。了解他國文化、民情風俗、作家作品等最為直接的方式就是經由國際版權交易，取得中文本翻譯的授權。長時以來，透過翻譯欣賞或閱讀外國傑出作家的經典作品，的確增長讀者的國際視野，「閱讀國際化」已經成為不爭的事實。

　　在大幅國際化的驅策之下，顯然的，台灣圖書市場早已反映出翻譯書遠大於原創書的明顯落差現象。甚至有人認為各大圖書連鎖店簡直是外國圖書文化的展示櫥窗。

　　一方面需要迎合時潮，年年翻譯外國傑出文學作品供讀者閱讀；一方面面對扶植本土圖書出版業以及出版本土原創作品的壓力，台灣圖書出版業的確面臨兩難情境。翻譯是生存的必要，原創是文化的根本，這中間是否有兩全其美的可能。

　　以翻譯為主的，因應市場要求，投讀者之所好；或是創造讀者的閱讀需求。以原創為主的，那是一種植根於愛鄉愛土的情懷，可是有其市場的侷限性，這份堅持導致經營備感辛苦，但也因此而獲得讚賞。

61.　文章千古事

　　文不僅在紓解心懷，文也在調息情緒；文不僅在敘說義理，文也在闡述信念。文不僅在就事論事，文也在以古為鑑。自古以降，文人就是讀冊郎，文章千古事，隻筆話春秋。文人不輕易下筆，筆下春秋，何等謹慎從事。

　　莫以文章論短長，謹以文義論高下。文暢理就達，達理之文，讀者交相稱頌；文思如泉湧，湧泉之文，讀者夢寐以求。文如行雲流水，閱讀無障礙；文如天馬行空，閱讀費思量。讀其文，如見其人，如聞其聲。此為文人之境界。

　　文如其人，文章是作者的分身，有怎樣的作者，就有怎樣的文章。文以誠為依歸，文以信為圭臬，誠信為文，何來虛假？信實是為文最大的初衷，意即言之有物而非空泛其詞，虛有其表。誠、信、實，文之三寶。

　　文為心聲，心聲是作者透過文章或作品書寫，陳述其內在所要表達的思想或理念，舉凡認同作者的思想或理念，自然會興起善性的回應。這種善性回應不啻是讓作者更加精進的原力之一。

62.　行事作風

　　一個人的行事風格往往會影響作業的進程與結果，當然也會影響完事的品質和觀瞻。道理人人都知道，可是往往做不到，的確是很諷刺。常言道知道做到正解道，這可分為「知道」、「做到」、「解道」三個層次階段，是循序漸進的。也唯有抱持這種務實踐履的精神才能上道。否則，會導致事倍功半、舉事無成的結果，相信這也不是執事者願意面對的尷尬。

　　為人作風總是會波及人際關係的良窳和疏密，相對的，也會衝擊到人事的整合和對待。作風雖是個人之事，卻攸關自我與他方關係的互動，而互動過程直接影響到事務推展的成敗與順利。強悍固懾人，卻無以服眾。曾經有位老闆對員工說「在這個公司，我就是法律。」員工表面上唯唯諾諾，心底卻是敢怒不敢言。這是失敗的領導者，也是錯誤的示範。帶人以德，服人以心，一心一德，何事不成？

63.　一見如故

　　凡人皆有一見如故的感覺和經驗，其中自有宿緣在。若非宿緣居中牽線，又何能在初始見面之際，相互皆有投緣的美感存在。亦或是雖未曾謀面，彼此素昧平生，卻能在文字傳輸當下，有著興味一同的契合度。這是良緣的締結，也是相知的初始。文人相輕，雖謂自古皆然；但是，文人相惜，也是司空見慣。相輕與相惜，關鍵在於態度問題，態度的良窳與否，關係著相輕與相惜程度的深淺。

　　固然因為事務紛冗，彼此不常見面；或是兩地相隔，疏於魚雁。但是，透過文字傳輸，彼此可以互通再續前緣，此緣為文字緣，套句廣告詞，沒有距離，只有遠傳。文字就像心的頻率，只要雙方搜尋到相同或相近的頻率，當然就可以藉由資訊的傳遞，了解彼此的思想，進而達成共識。互相欣賞對方的長處和優點，互相包容彼此的短處和缺點。友朋相交至此，何憾之有 ？

64.　交往的學問

　　人與人交相往來，或語言，或文字，常成為彼此溝通了解的媒介。基本上，語言文字具有促進關係良好發展的作用，就像是刀之雙刃，運用得好，不僅具有加分作用，而且關係良好。反之，若是運用不當，不僅沒有加分，反而雪上加霜。是以，語言文字的表達，的確是一門學問，豈能等閒視之。

　　交淺言深，有時會有反效果。唐突的結果往往讓對方卻步。凡事急也不得，交友何嘗不是如此。友誼的長久性植根於彼此的了解與認識，而了解與認識則靠時間的積累，是點滴匯聚而來的，絕非短暫的熱情所可比擬的。交淺與言深，對比很是強烈，結果如何當然是可以預期的。即便如此，交淺言深的戲碼總是照演不誤。

　　了解對方是一種耐性與時間的配合，了解也是一種態度的表現，沒有接觸何來了解？交淺言深就是缺乏了解的基礎，那是交往的忌諱，可是生活周遭屢屢見過此一類型者。

65.　他山還比這山高

　　看一本書或是聽一場演講，如果其中有一段話讓你記住或是聽進去，而且真正覺得受用，那麼，買這本書或是聽這場演講就值回票價。同樣的，若是閱讀一篇文章或是參加一場聚會，其中某一句話讓你感覺心有戚戚，那麼，這一句話無疑就是良言玉語。

　　曾經聆聽過一位既是教授，也是名作家的專題演講，以他的高度當然可以暢所欲言。只是在演講過程中他曾批評別的作家，語氣很重；對我而言，突然驚覺到原來他山還比這山高。更讓我意識到，同樣的話，出自不同身分者的口中，其所能產生的影響力是天差地別的。那場聽講，深深感受到後生真的可畏。

　　直言固然可以不諱，在這種情況下，不會考慮受話者的感受，磨擦避免不了，口角風波頓起，芥蒂因而叢生。說話固然也是一門藝術，在這種尷尬時刻，一點美感也沒有。

66.　無言的喜悅

　　大凡只要興之所至，趣之所趣，做任何事大都能夠順勢而為，成功指數高漲，水到渠成應屬指日可待。是以，興趣為完事之本，至於如何讓它得以持之以恆，避免興趣索然現象孳生，端視興趣本身的持續性而定。三分鐘熱度是興趣由高轉低，由熱轉冷的溫度計。行事最怕三分鐘熱度的發酵，虎頭蛇尾是導致一事無成的根源。興趣永葆未嘗不可視為堅持的化身。

　　許久未曾長出新芽的兩盆萬年青，竟然在一段時間內雙雙冒出新芽。每日晨起總會在陽台凝視，看看是否有新的發現。果其不然，居然有些動靜，起初只有不到 0.2 的高度，目前已經有 5 公分和 3 公分的高度。萬年青的生命力是強韌的，連植物都不吝於展現旺盛的生命力，它的成長讓我感受到生命的躍動。雖然無法與之對談，它卻可以透過新芽的日益長成和我分享一場無言的喜悅。

　　人與植物同樣都是生命體，既然都是生命體，就應受到同等的尊重，非常認同日本國寶級童謠詩人窗道雄這樣的觀念。

67.　欣賞與共識

　　欣賞作品是一門藝術，是心靈的悸動，是情緒的紓解。欣賞之道，存乎一心。藝術五花八門，作品欣賞也是各行其道。小說、散文、詩詞、兒童文學各有讀者之所好。作者的寫作品味與讀者的欣賞品味如何產生交集，將是決定能否引發廣大讀者閱讀興趣的關鍵所在。透過作者筆下，道出讀者內心的吶喊，果其不然，畢竟激發萬千讀者的熱烈迴響，當年龍應台的《野火集》就是一個非常鮮明的範例。

　　一樣米養百樣人，作者的品味是獨一無二的，而讀者的品味則是言人人殊。有些作者為投讀者所好，可能放棄自己的品味原則；有些作者堅持寫作品味，卻和讀者閱讀品味漸行漸遠。有些作者反守為攻，努力創造讀者的閱讀需求和品味，成功的讓寫作品味與閱讀品味產生交集，達成作者和讀者雙贏，各蒙其利的最大效益。

　　也就是說，以同理心為軸心，為對方設想，周到之處，就是讀者最大的回饋。共識的確是可遇不可求。縱然如此，卻是作品希望表現的最大張力。

68.　圓夢是福

人生是一個不斷圓夢的過程，也是一個終身學習的課程，無論是過程或是課程，勢必都要付出相當的努力和心血。不吃白吃的午餐，結果是甘甜的；付出心力的報償，結果是甜美的。圓夢是滿願的表徵，學習是心智的成長。圓夢與學習何嘗不可視之為人生的兩條平行線。

傲慢的態度會讓自我與他人越行越遠，高處不勝寒。偏見的思維會蒙蔽自己的評斷，導致錯誤的結果。傲慢與偏見，會讓理智陷入冷凍狀態，會讓作為失去允當的意義。一昧執著於自身的傲慢與偏見，何異於自掘人際關係的鴻溝，拒人於千里之外而不自知。

親和力足萬事成，此語非假。親和力就是匯聚向心力的基礎，也是凝聚同念共識的根本。親和力代表身段的下放，代表態度的和諧。不與人分高下，不與人爭長短；大家都在平等的立足點上，只有相互的扶持，只有相互的慰藉。親和力的另一層意義就是讓人如沐春風。

69.　迴響的意義

　　良好的互動是真摯的流露，流露的是生命美感的切面；流露的是對彼此真誠的「心的頻率」的感受。作品之所以引發諸多迴響，是因為觸動大家人同此心、心同此理的同理心。這些迴響，何嘗不可視其為共同成長的滋潤，何嘗不可視其為共同成長的動力來源之一。

　　或者也可以解釋為羅蘭巴特所謂的讀者閱讀空間。無論詩詞散文，讀者都可以從中體會作者所要傳達的意蘊和情境，這個意蘊和情境的衍伸，就成為作者在作品的核心價值。讀者之所以能夠和作者進行良性的相應，在於雙方都珍視詩詞散文所表現的核心價值。

　　寫作是一件快意心緒的文學表徵，詩詞散文各具特色，也有各自的寫作社群。法無定法，形無定型，隨心意之所至，文達詞就，海闊天空，任其揮灑。訴之報端或是雲端，美文共賞。諸多正向、良性的迴響，對寫作者才是莫大的鼓舞和回饋。

70.　等待是慈悲的表現

不以物喜，不以己悲；物我悲喜，二元相對，心緒相異。物何喜之有，己何悲之來，倏忽一念之際，天壤之別。外在的悲喜，起自心海波動有以致之。易而言之，若是悲懷喜捨，那又另當別論。悲天憫人的襟懷，喜樂好善的施捨，終究是滿願的體認，好德的作為。

自我行銷，甚囂塵上；認知拼圖，接二連三，營建印象。行銷與認知，本無可厚非。避免過分膨脹，惹來無妄之災。凡事急也不得，俗語說得好呷緊弄破碗。與其如此，何妨一步一腳印，腳下踏的是堅實的土地。芬芳是內蘊外釋的表徵，秋實是春耕夏耘的結果。

春江水暖鴨先知，人必自知而後明，因果關係往往被忽視，反而重視眼前的一切。羅馬若是一日造成，就不是羅馬。功成名就的背後，是十年苦讀。他日登高望遠，切莫忘懷沿途的苦辛；等待是慈悲的表現，為的是讓腳程比較慢者可以迎頭趕上。

71.　態度決定一切

　　凡事只要秉持真摯的本心，其所作所為可以無需在乎他方的評論。若是在乎來自他方的評論，或許就此卻步，不再勇往直前。若是他方的評論，純然就事論事，何妨聽其所言，再做進一步的打算。寫文章抑或如此，無妨抱持「嫌貨才是買貨人」的寬心態度，誠摯接受他方的指教。說不定能從中獲益而增上，是以，態度決定一切，此語非假。

　　心存「念一改觀萬象異」的態度，當然，指的是正向的思維模式。若是一味鑽牛角尖，只有讓自己愁更愁。念的改觀旨在讓思維更具彈性，避免僵化。一旦陷入僵化，不啻讓自己在胡同內昏頭轉向，始終找不到出口。沉澱有時就像一劑妙方，越是錯綜複雜，越是冷靜以對，去繁就簡。方法不能一成不變，思維不能固守一方。「彈性」若水，水到之處，思維不致枯竭。

　　抱持「嫌貨才是買貨人」以及「念一改觀萬象異」都是善性的態度表現，讓人我之間更具彈性。

72.　願有多大，力就有多大

　　牛就是牛，牽到北京還是牛。固執是一種生活態度，也是心性的外顯。固執己見讓己身失去迴旋的彈性，沒有溝通協調的餘地，反而替自己構建一道高牆，牆裡牆外儼然是兩個截然不同的心靈世界。

　　即便是根深蒂固的成見，也會有捐棄成見的時候。捐棄就是面對，而面對往往是問題解決的良方。願意面對，基本上也是態度的表徵，讓問題的處理有轉圜的空間，不至於在原地繼續空轉。只要誠意敞開心扉共同探討，沒有甚麼解決不了的事。

　　傾聽既是面對，也是態度，是非常正向的生活能量。它具有焚化爐作用，分解煩悶、鬱結、焦躁、哀傷、悲苦等負面情緒。傾聽具有耐性的元素，具有專注的態度，具有舒緩的作用。願意傾聽他方的訴說，相信也有幫助他方脫困解厄的能耐。願有多大，力就有多大。

73.　以文會友

　　以文會友是很好的文藝心理，彼此透過共同的媒介─文章或作品─的交流，增進對彼此作品或文章的共識度，溫潤對作品或文章欣賞的美感意識。是以，文友無異是心靈的契合所孕育而出的逆作家。文友不一定都是作家，能夠做一個很懂得閱讀或欣賞作家作品者，未嘗不可視之為「知音」。作家滿天下，知音有幾人；文精不在多，回文處處逢。

　　文以傳千里，人或在天涯；雲端賞文共，海角聞知音。蠻喜歡浸淫在這樣的氛圍中。沒有相對，沒有利害，只有坦承，只有真言。作者下筆為文，就是期盼經由文章或作品的傳輸，與廣大讀者產生真摯的共鳴，而非識見相左所引發的共震效應。是以，無論文章或是作品，其所能產生的結果，最好不要等閒視之。以文會友，絕對是一種共同成長的心智活動。彼此只有相知相惜，沒有相斥相離。彼此只有心領意會，沒有針鋒相對。

74.　文藝相得益彰

　　文藝本一家，文學是心靈的盛筵，藝術是美感的舞台。文學和藝術，既是紅花，也是綠葉，彼此相襯，相得益彰。文學有其藝術性的表現，藝術也有文學性的內涵，文學蘊含於內，藝術彰顯於外，由是之故，文藝是內蘊外釋的總體表現。

　　文藝一體在國畫表現尤其一絕，畫中有詩，詩中有畫，充分彰顯文人畫的藝術精髓。詩、書、畫三位一體，更凸顯出文人畫的美感與內涵。是以，當在欣賞詩、書、畫三絕於一爐的文人畫，不啻是享受一場文學、書法、繪畫的三重心靈盛筵。

　　詩文是文學的藝術表現，藝術是文學的視覺體驗，詩文和藝術互為表裡，所要揭櫫的是真善美的境地，一個真淳、善和、美感的心境、意境和情境。詩、書、畫屬於外境，心境、意境、情境屬於內境，只有在內境與外境合一的狀況下，才是詩、書、畫的總體表現。

75.　情感的交融

　　人與人隨緣而識，真淳自然，不帶絲毫勉強。彼此沒有利害與對待關係，只有相互尊重與謙和態度。既像清風一般的輕鬆自在，亦如明月一般的坦誠相對。沒有矯飾，沒有假意；有的是真摯的交流與良好的默契。珍惜隨緣而識的朋友，尤其是文字之交。

　　作者透過作品廣結文緣，而文緣的對象，或許是始終未曾謀面、或許是多年舊識、或許是故舊至交，這都無礙於彼此的交融，這種交融，是發自內心的迴響與呼應，也是心靈的共識，信實的契合。心靈的交融超越時空，乘著文字的載具，穿梭在各個不同的思維空間，凝聚彼此的識見。

　　欣賞文友的留言，摯誠而感人，這種留言是對原作者最好的回饋，也是深入了解之後的心得分享，縱然只是短短數語，卻是彌足珍貴難得。留言與原作，如魚水相互幫襯，感覺的確良好。只是這類發人深省的留言，真的是可遇不可求。

76.　珍惜與重視

　　友朋交往，誠信為尚，出於誠，信於人，誠信在心，樂信他方，長此以往，何懷疑之有？何不信之有？缺乏誠信的基礎，隨時因細故而有坍方之虞。若有此顧慮，何不及時修整偏差的思維，導之以正，回歸我誠你信的交往軌道，以防脫軌改道。

　　有時應知無時苦，無時方知有時好，有與無，苦與好，由己不由人。珍惜和重視，是維繫友誼於不墜的兩大支柱。此為自發性的覺知，防患於未然；萬一這種自發性覺知被旁落，原先既有的朋友之誼瞬間可能化為烏有，一切歸零，值得嗎？

　　誠信為友誼的試金石，不誠無信，何來長存的友誼？真摯的友誼猶若淡淡君子之交，雖淡卻有韻味，韻味來自彼此的誠信，那是一種心香。懷疑是友誼成長的絆腳石，也是交心的絕緣體。欣賞伯牙子期的高山流水，千古傳誦知音會。

77. 成　見

　　成見就人際關係而言，或許是一道鴻溝，或許是一堵高牆，無論是鴻溝或是高牆，對促進人際關係的有效性，的確窒礙難行。若要人際關係由窒礙難行轉換成通暢順行，捐棄成見就成為首要的當務之急。道理眾所皆知，無奈做也不到。儘管有些諷刺，卻是不爭的事實。

　　若要拔除根深蒂固的成見，莫如學習放下，放下本身的執著。執著讓自己陷入認知誤區而不自知卻還自以為是。放下是尊貴的態度，捨棄原有的成見，重新認識自我與他方的微妙關係，就如同雲消霧散青天現那樣的清爽自在，再次找回自在的感受。

　　成見的捐棄純然繫於一念之間，可這一念的轉變可能長達數年之久，也可能一生一世都無法完成，完全隨個人心念而異。成見讓人形同陌路，成見讓人產生疏離，成見讓人漸行漸遠。但是，一經捐棄或是放下，原有的陌路、疏離和行遠，也會在瞬間消逝。

78.　良性互動

　　良性互動是人際關係的潤滑劑，在互動過程中，彼此坦誠相向，同中有異，異中求同，在這種氛圍下，爭執與非議何來之有？良性互動不是空中樓閣，不是徒託空言；而是共識的凝聚，理念的契合。良性互動可以撥開陌生不熟的雲霧，見到摯誠相對的青天。良性互動不是虛晃的口號，而是起而行之的體現。

　　肯定別人的作為是一種祝福，也是一種處世態度。肯定是認知的積累，有時間的展延性與實際的觀察性，而展延性與觀察性的雙重效應，就是肯定的本源。那是衷心的祝福，誠意的表現。人的作為需要時間的積累，而時間的積累可以驗證作為的持久性，以及是否發自內心的真實性。所以，具有持久性和真實性作為者理當受到應有的肯定。也因此，被肯定者長久以來認真從事的態度畢竟還是受到相當的回饋。

79.　閱讀與寫作

從閱讀的角度，一方面欣賞作者的文采，欣賞作品的精髓；一方面欣賞作者與作品的完美合體，欣賞作者和讀者的互動。或許是一本書、或許是一篇文章、或許是一段文字、或許是一句話，都會是引發欣賞的動機。作品能引發讀者欣賞，對作者而言就是鼓勵，就是肯定，就是促成作者更上層樓的要素之一。

往往談及一書作家或是一獎作者，所謂的一書作家就是出版第一本書之後就沒有下文。所謂一獎作者就是得過一次文學獎之後再也沒有持續從事寫作。這一類作家與作者，宛如蜻蜓點水，在文壇留下一絲足跡，就消失在讀者記憶的扉頁。這一類作家與作品，就像是夜空中一閃即逝的流星，來去匆匆。文壇作家與作品何止萬千，流星式的作家與作品，無疑的，會是在讀者記憶之外。

閱讀與寫作平行而不悖，從閱讀而欣賞，瞭解作者的寫作旨趣，樂在其中；作家與作品息息相關，淺嚐即止未嘗不可，也可理解。

80.　遇合的可貴

　　人與人的遇合是偶然或是定然都不是重點，要緊的是彼此能否珍視這樣的遇合。如若彼此珍視遇合的可貴，又何在乎時間的長短與否。在「閱讀與寫作」通識課程有位來自大馬的女僑生，見其文筆不錯，遂鼓勵參加靜宜大學文學獎，果其不然，其作品榮獲散文組佳作，翌年更上層樓，榮獲生命書寫組貳獎。一年相處，讓她更加瞭解文學的魅力，讓她對自己的作品更有自信，讓她鼓起勇氣參賽，讓她有機會感受到入圍獲獎的成就感。

　　「只要能讓老師知道我的感激之情，就心滿意足了。」就這一句話，足以表示這位大馬女僑生如何重視一年的師生之情。能夠有如此珍視遇合的學生，歡愉之情溢於言表。在師生關係日益淡薄的當前，在教室倫理日益式微的此刻，更加體認到「教」與「學」互動的重要性，關鍵在於相互的尊重。上課可以晚一點到，但不要不到；作業可以晚一點交，但不要不交。這是十年來奉行不渝的師生相處之道。

81.　隨興之作

　　書寫散文詩詞純粹是隨筆之作，總覺得只可自欣賞，不堪持贈君。往往隨興之所至，下筆為文。或散文、或詩、或詞、或俳句、或隨筆，無一不沾，意在激發寫作的多元性，做更廣泛的揮灑，而不拘泥於某一文體。之所以如此，只在意如何完美呈現內在思維的建構，只在意能否如實表情達意；至於外在的閱讀空間則毫無保留的給了閱讀者。

　　非常信服「大塊假我以文章」這句話。生活周遭、天象自然、人文世相，無一不可入文，無一不可入詩。寫作素材比比是，粉妝淡抹兩相宜，端視如何裁剪，如何量身，如何端出一篇好文、一首好詩、一闋好詞。至於好文、好詩、好詞的界定，球在讀者手上，在閱讀評賞取得最大客觀數而定之。對作者而言，無所謂好壞，那是心血結晶。

82.　同歌同行

適時伸出援手，拉住待援之手，伸拉之際，也許促成一件美事，也許避免一件憾事。適時如何拿捏，應時而出；及時獲援出泥沼，暗自慶幸。人生際遇各不同，無須爭鋒與對待。世路多岐本當是，各人各有路可走。是以，無須稱羨，也無須自卑。既無期待，何來失落？既無稱羨，何來傷感？回歸自重的本質是應當的，有多大的本事就有多大的作為。

相互尊重，無有尊卑；相互體恤，無有對待。以平等心維繫自我與他方的良性互動。聞道固然有先後，術業卻是有專攻，自修自習更精進，運用之妙在一心。有些人的確具有文學寫作的慧根，只要善加啓引，何嘗不是文壇未來的明日之星。文學的傳承是漸進式的，文學的闡揚也是如此。

在文學寫作的路途上，彼此能夠結伴同歌同行，當然就不會有「獨學而無友，則孤漏而寡聞」的遺憾，彼此能夠相互砥礪，的確也是共生共榮的美事。

83.　指教與受教

　　人與人之間的相處能否持久，人與人之間的關係是否融洽，相處與關係、持久與融洽，都關係到雙方的意願和態度，尤其是態度，常言道態度決定一切。自相處以來，態度始終如一，相處持久，關係融洽，是理所當然之事。反之，一切都充滿變數，結果如何，連當事者都無法預測。淡淡君子之交，無有時間與距離的掛懷，只有相互誠摯的對待與祝福。無有忽冷忽熱的情緒，只有彼此尊重的心理。

　　彼此有志於相同之道，琢磨琢磨，終究令人賞心悅事。無有尖銳語詞以傷和氣，只有敦厚語詞相互砥礪；無有傲慢態度指摘對方，只有和緩口氣提供參考。一句話可以助人，也可以傷人。助人或傷人，端在一念之間。一句話可以是寒風刺骨，一句話也可以如沐春風。到底是春風還是寒風，完全是心底的感受。感受的程度不就是寒風與春風的分野，感受的程度也意味著彼此是否漸行漸遠，抑或是同歌同行。

84.　緣的眞諦

　　人際關係的遇合有如潮來潮去，隨喜隨緣。既云隨緣，不由自主地想起數十年來奉行不渝的〈緣〉—「不是舊識不相逢，相逢總是續前緣，緣起緣滅人自在，緣深緣淺莫強求。」人海何止萬萬千千，彼此能夠相遇，如果不是緣分，什麼才叫做緣分。既是緣分，理當惜緣。結善緣，解惡緣。緣分盡時各西東，離路分岔走南北，從此海天各一方，萬般心緒歸其零。

　　惜緣人人都知道，可惜往往做不到。等到緣盡之時，方才驚覺，追悔不已。有道是人在緣中不惜緣，只因身在雲端處。這種文緣，既淡又薄，來得快去得也快。明乎此，大可不必為此而神傷。雲端傳文共欣賞，眾人品味自不同，好文如何己自知，無須在乎按讚否？身為讀者的大家，若要自視為稱職的逆作家，尚須理出作者貼文的真實意義，迸出念識相同的火花。

85. 終身學習

　　走過人生話人生，人不厭其煩；出於本心話幾何，人願聞其詳。人的經歷本身就是學習的紀錄，真實不虛；人的學習本身就是覺知的體認，如假包換。只要心夠細，隨時隨地都有幫助成長的契機；只要心向學，到處遍地都有可以請益討教的對象。萬事萬物不見得人人皆知，造物者總是眷顧大家，提供學習的機會。以自然為師，或云師法自然，或云道在自然，凡此種種，無非在提醒大家，學習是終身的生活態度。

　　舉凡待人、接物、處世，自然就好，那才是真如本性。沒有虛偽的修飾，沒有不實的言語，沒有傲慢的態度，沒有諂媚的表情。有的只是出於摯誠，真摯誠心是虛心假意的絕緣體。一個眼神、一個動作，舉手投足之際，都散發出摯誠的表情，一種由內而外的真性，就是這股真性，讓與之接觸者不由自主地受到感動。摯誠是一種態度，也是一種精神，秉持這種態度和精神，諸事圓融。

86.　打斷手骨顛倒勇

　　凡事盡己之心，盡己之力，成功固然可喜，不成無愧於心，寬心自在，何來遺憾。諸多外在因素的牽扯所造成的不便，所形成的障礙，都是淬鍊自己是否堅持初衷的試金石，阻力越大，抗壓性越強。甚至還可以借力使力，化阻力為助力，超越自己。做與不做，成與不成，完全繫於一念之間。現實社會的諸多事況，不就是如此，那是一種顯像。

打斷手骨顛倒勇，越挫越勇，就是憑藉這股力量，就是堅持那份初衷。關山雖遙，足下成行；逆水行舟，終抵彼岸。一時的低潮，並不意味長時的失落。只有憑一己的努力不懈，展現不忘初衷的毅力，結果是可期的。對自己缺乏信心，遇事躑躅不前，又如何能夠嚐到成功的滋味？雖屬老生常談卻是不變的事實。既然如此，何不坦然以對。願意面對，事情就有轉圜的餘地；把握轉圜的餘地，撥開雲霧見青天的機會就更加濃厚。

87.　主人與影子

　　做自己的主人，不做別人的影子。話雖不錯，在寫作與欣賞之餘，依稀還是有別人的影子在內。模仿—改寫—創作，是有路可依循的。也就是說，寫作是有次第的，除非是天才。只看到他方的成就，卻沒有看其成就背後所做的努力。這種不為人知的努力，才是後生晚輩所應認真學習之處。七步成詩固是一段佳話，卻也不是人人可以做到的。

　　一步登天固然很難，一蹴可及也非人人可以做得到的。若想聞得撲鼻梅花之香，就得需經一番寒澈骨，若非如此，梅香何有之聞？若想看到山後秀麗的景色，總得先要爬過眼前的小山。過程總歸是過程，誰也免不了。寫作是憑真才實力，半點不虛假。所謂一舉成名天下知，在這之前，可知付出的心血與代價，以及堅持和毅力。光鮮亮麗的背後，總有不為人知的心聲淚痕，我們知道嗎？

88.　學習是一生的功課

有機會提供資訊給需要完成論文者，有機會提供見解給他方做為參考，有機會提供經驗給初習寫作者，有機會應邀發表專題講演……凡此種種，無非是人生工作報告的一種分享，每每心中充滿感恩，樂意分享箇中滋味，體會心靈交融的喜悅。

沒有人是全知全能的，即便是孔夫子也坦言「吾不如老圃。」有道是一山還比一山高，或謂一體同觀高下分。學習是一輩子的功課，即便走到人生的盡頭，也要學習如何面對最後一刻的到來。明乎此，就不會顛倒夢想，進而坦然以對。

韓國有句俗諺：「身正不怕影子斜」。只要行事端正磊落，雜音無從起落；只要待人誠正務實，非議無以孳生。有人擅長見縫插針，乘虛而入；有人造謠生事，唯恐不亂。天生萬物，良莠並存；人生於世，正邪同在。但看個人如何自處？

89.　筵席與生命

　　天下沒有不散的筵席，天下也沒有永恆的生命。縱然聚散離合是定數，生死來去何嘗不也是定數。既然皆屬定數，吾人何不坦然正視，寬心以待。筵席與生命，都是現象的顯示，無常的生滅。生為人身走一回，娑婆世界自修身，無怨無悔無憾事，有始有終有擔待。

　　無風不起浪，無事不生非。風生浪起，惹事生非；風息浪靜，事平非止。一心不動，浪何以起？萬事止息，是非何來？凡是由己不由人，止念泰然。但若起心妄念，風浪是非接踵而至，反給自己惹來一身腥，何苦來哉？可見心念之於人是何等重要，吾人豈可漠然視之？

　　隨風搖擺起舞，不但無法看清事理，反而讓自身墜入五里霧中。至於如何走出五里霧，恐怕連自己都拿不準。人往往身陷誤區而不自知，在不知情的狀態中，很容易成為被利用的對象，等到東窗事發，不僅自己無法脫身，還被牽連在內。此時此刻，只有「懊悔」常伴左右。

90.　個性與群性

　　個性會讓人成為焦點人物，個性也會讓人另眼相待，無論是焦點人物或是另眼相待，個性對人的影響力實在太大。太有個性，難以融入群體；個人色彩過於濃厚，個性凌駕群性，非團體之福。個性之於人，猶若如影隨形。知己之個性，謀群性之和諧。

　　凡事一意孤行，漠視群意，不僅無助於事務的推展，反而讓自己成為眾矢之的。這種人喜歡特立獨行，總自認獨力可以撐天，只可惜，單兵作戰的時代已經成為過去，自今而後已經是聯合作戰的趨勢。獨力難為天，自古皆然。違反歷史經驗法則，只有面臨淘汰一途。

　　相反的，凡事總希望經由群性的和衷共濟，以整體的力量謀事，一來彼此具有互補作用，截長補短；二來彼此具有互賞作用，是相互欣賞對方的長處，而非相互揭對方的瘡疤。是接納而非排斥，是讚賞而非諷刺，是肯定而非指摘，是祝福而非詛咒。

91.　人生與自信

　　人生猶如舞台，每個人都有屬於自己的舞台，只是規模大小、排場有無的區別。身為人生舞台的演員，無論扮演何種角色，無論何時上台表演，對於角色的拿捏，對於演出的掌控，最基本的訴求就是恰如其分。換句話說，就是所謂的化性而為。化性而為講求的是入木三分，就是融入，就是稱職的演出。在人生的舞台，沒有演不好的演員，只有不稱職的演員。

　　自信是激勵自我的動力，缺乏這股動力，不僅一事無成，更且徒勞無功。吾心信其可行則可行，這就是自信，這就是成就事業的根本。在文學創作上，如果連這一點自信都付之闕如，又將如何引發讀者的閱讀動機。常言道醜媳婦總要見公婆。不要因為長相的緣故而遲遲不敢拜見公婆。人醜心不醜，至少要保有這種自信。寫作何嘗不是。

　　有位資深作家曾謂「只要自己認為作品不錯，那就是不錯。這個不錯，本質上就是一種自信，對自己作品的肯定。」

92.　娑婆世間

　　為人處世謹守分際，在應對進退之際，給自己預留轉圜的餘地，誠摯為尚，虛心以待，避免予人見縫插針的藉口，避免與人口角相爭，有傷和氣。若要生活有趣，理應遠離是非之地，享受山林之樂；若要生活品味，則請親近文學花園，縱情閱讀之趣。

　　娑婆世界紛擾多，你爭我奪休止難，貪心不足蛇吞象，夢回青河一場空。人生如夢，夢如人生。無論如何刻意經營人生，卻總覺得似乎缺乏一種牢靠的支柱，很不踏實。即便一朝得意，享盡榮華富貴，能否持盈保泰，誰也說不準。既然如此，何不把握當下。

　　飯不要吃得過飽，話不要說得太滿，飽則傷身，滿易招損。允執厥中，依中道而行，何來詆譭之有？凡事看開看淡，不致惹禍上身。遠離是非之地，免遭無妄之災。不說無稽之談，以防落人話柄。人生有涯學無涯，耕讀不倦氣自華，樂活人生暗自喜，清風明月伴爾眠　。

93.　文人相輕

　　文人相輕，古今皆然。對文人而言，彷彿是一句魔咒，彷彿只適用在文人身上。難道這就是文人的宿命，千古以降，只要是文人，就脫離不了魔咒的制約。好勝、不服的心理就成為魔咒的兩大利器，只要這種心理障礙一日不除，魔咒將如影隨形，文人就繼續相輕。這種痛楚，則將伴隨文人於一生，真是何苦來哉！

　　止念泰然，心湖未曾風生水起，漣漪片片。縱使批評聲浪四起，只要一心不動，謠言止於智者，濁言止於清者，終將銷聲匿語。惟若隨聲起舞，相互槓上，終至彼此灰頭土臉，兩敗俱傷，這又是何苦？相輕不若相敬，批評不若讚賞。常言道：「念一改觀萬象異，何必苦苦相逼急。」吾等持念相同，爭執何來之有？

　　文人以文章作品處世，國事、家事，事事可以入文；文人以文章作品會友，諍友、直友，友友可以相交。

94. 心隨意轉

　　心隨平野闊，何等寬廣的胸襟；意隨大江流，再大的委屈任由江流東逝。心若如此，何來羈絆之有？回首遠眺朦朧的大屯、觀音二山，依然笑我心嚮自然的初心不變。縱使久居都市叢林數十載，依然習慣不了觸目的石牆。對原本生長在黃金山城的山頂仔，只好寄情於文字山水，一解鄉愁。

　　吾師濟鄂幼有「神童」美譽，琴棋書畫、詩詞金石無一不精。嘗以「嵌字詩」作為高中畢業紀念。詩云：「邱巖之上，有二高士；各取所需，不問世事；容於塵外，復有何思？」整首詩直如一幅寫意山水畫，那是一種情境，也是一種心境，更是一種意境。數十年來，始終是個人內在的山水世界。

　　身在凡塵不染塵，是一生的功課。凡事抽離是非之地，遇事靜觀其變，再行定奪。隨波逐流的結果，無法自行上岸，反而成為大染缸的一部分，沒有自我、沒有定見。古云「良禽擇木而棲」，或云「就有道而正」。都是一種方向、一種指針。

95.　文學的表徵

　　文學是文字藝術的表徵，運用之妙，存乎一心。有的善用明釋，有的善用暗喻；有的擅長小說，有的擅長詩歌，有的擅長散文，有的擅長兒童文學等不一而足。至於寫作技巧言人人殊，彼此各展其才，各顯其能，對閱讀者而言，直可謂美不勝收。無論明釋或暗喻，無論各種文類，對閱讀者而言，是可讀性、可接收度的衡量。

　　一篇作品能夠引發閱讀者以文論文的迴響，這是以文會友的真諦。這種迴響會促成良性的連鎖反應，對作者而言卻是始料未及。換句話說，這樣的作品觸及到作者和閱讀者共同的交集，這個共同的交集就是共鳴，也就是作者和閱讀者共同認知的重疊區。此一重疊區再以同心圓的形式不斷地向外擴散，影響所及，會產生靜心和靜思的作用。一方面平息自身內在的紊亂，一方面減少自我與他方的糾葛。文學的確具有療癒作用。

96. 分合與見相

古云：「合久必分，分久必合。」世事無常，何必在乎世界的分分合合。分和之際，利害其中，若不涉及利害，何分合之有？起心動念遠離利害，何來分合？分合不是魔咒，既非魔咒，何懼之有？有緣相聚，緣盡泰然，何失之有？友緣、情緣總是緣，緣聚珍惜，緣散珍重。若能如此，何來魔咒之說？

見相莫將是非定，「相」是一種現象，一種正在進行的事況，結果如何尚不得知，無奈好事之徒往往見相著相，一味就將是非定。如此一來，將會誤導視聽，真相尚未大白，結果就已出爐。此類好事之徒，難道真的是唯恐天下不亂，其實未必。好奇之心人皆有之，只期盼這種好奇心不至於顛倒是非，自愚愚人就好。

海邊有逐臭之夫，久而不聞其臭。明哲當知遠離這般逐臭之徒，只與清風明月作伴，吟哦詩詞，縱情山水。如此輕閒，樂活人生。

97.　自食其果

　　竹節有節有度，和順自然，矗立於天地之間。人際之間的節度，因人而異。有的行事作風毫無節度可言，以自我為主，不考慮別人立場，不尊重別人意見，到頭來卻自食惡果，傷痕累累。有的有節有度，行事作風磊落，不營私，尚崇公，以禮相待，遵理行事，別人不僅認同，更且樂於配合，身處這種和諧的氛圍，諸事皆宜。

　　事非經過不知難，若非當事者，亦未身歷其境，就橫加妄測，離題甚遠；不僅於事無補，簡直提油救火，火上加火，更加一發不可收拾。所以說，瞎子摸象，此風不可長。不明就裡，就不要隨便出口，靜觀其變就好。隔岸觀火火非火，霧裡看花花非花。事情總有水落石出的一天，耐性等待未嘗不是可行之道。不明事況經緯，貿然出口斷言，根本與事無補。

　　凡事皆因強出頭，貿然從事無原則，混淆視聽不可取，自食其果本當是。玩火者，終究引火自焚。

98.　生活藝術

　　為人處世可謂是一門生活藝術，對於這門生活藝術如何表現，如何得體，可說是八萬四千法門，其中奧妙自有不同。有人沉穩，有人躁動；有人樂天，有人抑鬱；有人木訥寡言，有人能言善道；有人謙恭達禮，有人目空一切；有人置身度外，有人捲入漩渦；有人……。直可說是人各疏途，不一而足。

　　凡事之所以出現狀況，其中必有癥結，無風何以起浪，無事何以生非。既明白事情因何而起？彼此解怨釋結，何樂而不為？結者解之，畢竟，解鈴還是繫鈴人。

　　行事低調，不事張揚；為人內斂，不尚浮華。有限的人生，何必浪費時日在紛擾的俗事。做自己喜歡的事，寫自己的詩詞文章，古代文人吟風弄月，今知文人又何如？古代文人寄情山水，今知文人又何如？古代文人感時憂國，今知文人又何如？同樣身為文人，古今因為諸多因素導致生活藝術有所相異之處。

99.　回味憶往

　　回憶是生命的曾經，無論喜怒哀樂、無論愛恨情愁、無論悲歡離合，都是成長的過程。百樣人過百樣人生，酸甜苦辣都經歷，回眸一瞥笑前塵。不同成長階段的回憶，意味不同的領略，回憶未嘗不可視為每個人心靈的紀錄。

　　人各不同，際遇也隨之不同；不同的際遇造就不同的人生，不同的人生，回憶的滋味自然也就五味雜陳。回憶終究是過去的曾經，即便是喜怒哀樂、即便是愛恨情愁、即便是悲歡離合、即便是酸甜苦辣，那都是前塵往事，那都是過眼雲煙。是以，對於過往的回味，深淺適度即可，大可不必傷神喪志。

　　回憶是面對過去的曾經，也可說是整理生命成長的紀錄。如將其轉化成文學作品，何嘗不是絕美的有關生命的報導文學。這其中或許還有生命美感教育的成分在內。回憶錄是人生工作報告的呈現，是生命成長的軌跡，是人生的濃縮。回憶錄是了解的點線面，是有關生命歷程的顯性反映，至於回憶純粹是隱性的思維。

100.　俳句的啓思

　　緣起於認同日本古典短詩，由 17 字音組成的俳句，那是日本獨特的定型詩，對其「季語」的規定樂於順從。每一帖俳句，基本上就是一種情境、一種心境，也是一種意境。它是有畫面的，讓季節天象、動植物等嵌入僅只 17 字的短詩，不啻是非常精緻的文學表現。從前年五月初開始嘗試台灣俳句的書寫。未幾，受文友鼓勵嘗試以母語書寫俳句。

　　從華語俳句轉為台語俳句並不難，難在於「季語」的運用是否得當？難在於台語字的運用是否適切？難在於押韻是否得體？即便如此，那種以母語寫作的親切感，若非親身體驗者實無法感受一二。這種很生活化的定型短詩，充分表現出以生活入詩的精髓所在。説台語俳句是在地的生活詩，一點也不為過。台語俳句十足刻畫出台灣文學的鄉土風情，可以表現文學的鄉土性以及在地化的特色與精神。

101.　文學細網的編織

　　當憶念轉化成詩文，讀來總令人心有戚戚。「憶昔封書與君夜，金鑾殿後欲明天，今夜封書在何處，廬山庵裡曉燈前。」白樂天給元微之的這首詩，道盡官場文化的冷暖與辛酸。這種的憶念是痛楚的，有種身不由己的悲涼，惟卻也因此而傳唱千古。由此可見，文學作品的生命力是可以穿越時空的。

　　當憶念不再是憶念，而是編織文學的細網；憶念中的點點滴滴，就成為文學作品的醇酒，甘甜味美，溫潤心扉。今日的別離，就是明日的回憶。李叔同的〈送別〉：「長亭外，古道邊，芳草碧連天，晚風拂柳笛聲殘，夕陽山外山；天之涯，地之角，知交半零落，一壺濁酒千萬里，今宵別夢寒。」那樣的場景、那樣的天色、那樣的惆悵、那樣的氛圍……道盡了送別的感懷。李叔同與弘一大師，雖然中國藝術界失落了一位傑出的藝術家，但是中國佛教界卻出現一位得到的高僧。有得必有失，有失必有得。得與失之間，有時候往往無法加以衡量的。

102.　感觸與處境

素有「唐朝詩祖」之稱的陳子昂在其登上幽州台時，孑然一身有感寫下「前不見古人，後不見來者，念天地之悠悠，獨悵然而淚下」的千古絕唱。千百年後，諸多志同道合，同歌同行，何妨稍加更易，「前又見古人，後也見來者，念天地之悠悠，眾歡然而淚下」。同樣是悠悠天地，孤身與同道，彳亍與同行，心境與感觸截然不同，一是悲戚哀傷，一是喜上心頭。同樣的天地，不同的時空；同樣的感觸，不同的處境。

已故純文學出版社發行人林海音當年曾任《聯合報》副刊主編，在職期間對省籍作家鄭清文、黃春明、七等生、鍾鐵民等多所提攜，他們日後都成為台灣赫赫有名的小說家。在他們的憶往中都一致感謝林海音在文學寫作上的知遇之恩。如果說鄭清文等是千里馬，那林海音就是伯樂。

有鑑於屢屢指引年輕的寫作者有機會一窺文學的堂奧，「文學引渡者」的雅號自然就落在林海音身上。逝者如斯，而今的「文學引渡者」安在？

103. 自在生活

　　基於一時興起，對詩詞有份莫名的親切感，作詩填詞樂在其中。雖非科班，自在就好。簡短數語，意在其中，境藏於內。文字書寫有如畫境，亦文亦畫，畫中傳意，意在文內。偶有好文佳句，每每吟哦再三。又因醉於詞的意韻，曾屢仿李叔同〈送別〉曲調，每填完一闋，當即順口唱幾回，完全沉浸在填詞為樂的氛圍之中，這就是生活。

　　因為不是科班，便於隨興而作，亦無拘束之感。但覺揮灑空間竟是如此寬廣，有如置身無邊無界的天際，在文學的宇宙自由翱翔。文隨心轉，心隨意發，無論散文、詩詞，總希望能夠端出一道道的文學好菜，透過雲端傳輸，以文會友。眾家口味自不同，多元寫作傳心聲，認可與否別在意，留言回文心自通。每想及此，心情為之一振笑開懷，自得其樂。

　　人生有時，生命有涯，在有限的人生如何美化自己的生命，寫作無疑是一種怡情養性的生活文學。生活自在，自在生活。

104.　吃與生命的軌跡

　　吃是人類維生的方式，只要是生命體，基本上都具有與生俱來的生物能量，而吃是供應生命體生物能量的來源之一，但不是絕對的。

　　每個人抱持的生活態度並不一致，這和個性有關。有的傾向於吃，要吃得好，是美食主義者；有的傾向於穿，要穿得時尚，是流行主義者；有的傾向於住，要住得舒適，是享受主義者；有的傾向於行，要開名車坐好車，是風尚主義者。而食衣住行本是生活的呈現，是人生的舞台佈景。

　　民以食為天，吃是人類求生本能之一。大家對「吃」抱持的態度也不一，有的傾向於食當有節，適可而止；有的傾向於自然清淡，避免刻意；有的傾向於暴飲暴食，不知節制。每種飲食態度都有既定的生命軌跡，也會反應出每個人的生活態度，更由此衍生出每個人的生命方程式。

　　如何讓生命的軌跡不再重蹈覆轍，如何讓自己主控生命的軌跡，在有限的生命時效範圍內，讓自己的生物能量昇華為精神能量，乃至全方位的散發出生命的光熱能，這就是生命的課題。

105.　文學的美感教育

嘗謂「心無罣礙一身輕」，若非身歷其境，難以明白箇中三昧，真的是知道做到正解道。罣礙人人都有，只有輕重大小之別，若從自我鞭策的角度，視罣礙為能夠幫助自我成長的動力來源之一，這時的罣礙已經不再是罣礙，而是自我成長的助力之一。

文學是心靈活動的表徵，對山川大地、對日月星辰、對人事地物、對生靈萬物等的感知，透過文采潤飾，下筆成小說、散文、詩等各種不同文體的文學作品，一旦作品公諸於世，就得接受來自四面八方的閱讀、欣賞與評論。已故名小說家鄭清文曾經表示：「對我來說，作品就是作品，至於作品被歸類為適合成人閱讀或是小孩閱讀，那是評論者為了研究方便所做的分類。」

文學的美感教育在小說、散文、詩的總體表現。文學未嘗不可視為心靈的美化和淨化。文學也未嘗不可視為個人思想的文字化，經由文字的鋪陳，將個人思想轉化成一篇篇、一首首、一部部的文學作品，一篇或一首或一部缺乏思想的文學作品是無法通過時間的淬鍊而消逝在浩瀚的文海之中。文學的思想與技巧，思想是體，技巧是用，體用合一才能創作出絕美的文學作品。缺乏思想與技巧的文學作品又豈能激發讀者的閱讀興趣與迴響 ？

106.　和諧的人生

　　人的生理時鐘會隨著飲食態度和生活習性的轉變而易位。從隨生理時鐘的被動化為自主性強的主動,從因習慣的需要轉為因需要而需要。長此以往,將會主動分享經驗,從中學習如何祝福別人,無形之中也逐漸改變原有的生命軌跡。或許可以這麼說,將生命放在手中,操之在己,改變生命方程式就從己身開始。

　　飲食習慣的調整,心性的改變,以均衡為前提。自主性的節制,自然性的調整,讓自己的生命更有方向感,讓生命的軌跡更有律動感。一個人的生活起居趨於自然,不僅飲食清淡自然簡單,在整個心態上也與自然同在。大家隨遇而安,不做刻意的安排與要求,自然就是美。有道是：「吃不一定非吃不可,生命卻一定留下軌跡。」

　　當一個人願意真誠面對自己的同時,過去的不圓滿也就煙消雲散。和諧的人生是相互的尊重而非互揭瘡疤,是相互的關懷而非彼此的漠視。

107.　眞誠與感動

　　文學作品不是沉寂的文字堆疊，每個字裡行間都在呼吸，那是作者的心聲，每一句、每一段、每一章節都是環環相扣的，都是有節奏、有旋律的心靈的躍動。那種頻率的發射為的是找尋心靈的共鳴，這種心靈的共鳴是跨越時空、跨越種族國籍的。讀者共鳴度越高，作品就越有穿透力。穿透力越強，就表示作者和讀者更是文學生命的共同體。

　　日本進化化先驅者吉田松陰有一首懷古晚事詩：「古跡傷魂感慨牽，細雨斜風廟社邊，松陰往事出囚地，大業粲然助史編」，這足以顯示一代偉人為著國家的近代化而身陷囹圄，惟卻因此而留芳後世。

　　只要作者出以摯誠下筆成文，讀者是會被作者的那份「誠意」而「感動」。只要一讀到唐朝詩人陳子昂的〈登幽州臺歌〉，往往會被詩中那種孤寂落寞的神情，彷彿整個天地獨孤一人的情境所感動。文學作品之所以能夠廣傳，肇始於作者的真情流露，就是那一份的「真」，作品的生命始得以永續不墜；就是那一份的「誠」，讓作者和讀者透過作品產生交集，這個交集的連結就是讀者無盡的迴響。

108.　處世之道

　　為人處世，苟能知己之短長，在進行應對之際，較能拿捏分寸，左右相宜。人際關係微妙異常，晴時多雲偶陣雨，翻臉直如翻書易；身處詭譎的娑婆世界，維持良好的人際關係，也是因人而異。春日和風人皆頌，冬日寒風眾皆避。是和風，是寒風，是頌，是避，選擇權掌握在大家手中，和風春滿面，寒風冷刺骨，就是這樣。

　　別人不知道你是誰不重要，重要的是你自己要知道，知己之身分而後有所為。今生今世所為何來，有人謂鞠躬盡瘁而後已，有人謂不到黃河心不死，有人謂難得糊塗笑人生，有人謂轟轟烈烈過一生，有人謂解怨釋結了前嫌，當然更多的是平平凡凡渡今生。無論抱持何種心態，無論願與不願，既為人身落凡塵，總不能空手而來，空手而返。固然來也空空，去也空空，難道就留下那一絲絲空白。

109. 掌握當下

　　大凡事情的發生，絕對不是偶然，而是經過漫長時間的積累，在某一個時間點引爆。易而言之，遠因和近因都是事情發生的關鍵因素。若要釐清事情的原委，當然要追本溯源，而非僅憑虛有的臆測，就如同史料研究，有幾分資料說幾分話。心若平靜如水，波瀾無由而生。心若穩重如山，非議豈奈人何？只要自身內在相安無事，又何在乎外在的風起雲湧。

　　花開堪折直須折，莫待無花空折枝，直指「當下」的重要。美景當前宜入鏡，莫待無景鏡頭空，也是直指「即刻」的需要。在處理事務，當機立斷是一種態度，一種抉擇，而不是猶豫不決，導致錯失良機。當下即瞬間，剎那亦永恆。當下留住落日美景，與眾分享；美景不常在，稍縱即逝。良機不可失，再會難逢。掌握當下，活在當下，樂在其中，趣蘊於內。

　　一個人的決斷只在須臾之間，那是智慧的抉擇，掌握當下的契機，或許可以化危機為轉機，大事化小，小事化無。如若錯失良機，豈能適時掌握當下。

110.　生命方程式

　　酒逢知己千杯少，人逢喜事精神爽，這樣的機率卻是因人而異。開懷暢飲知音逢，促膝長談過三更，這樣的場景倒是偶有所聞。生活面向言人人殊，生活樂趣不盡相似。有人以詩文自娛娛人，或謂以文會友，此乃心靈的交融與互動，是人性美好的表徵。藝文生活化，生活藝文化，是人生的美幸，也是生活的昇華。生命無常，人生苦短，掌握當下的美好，做！就是了。

　　每個人都有屬於自己的生命方程式，都有屬於自己的成長軌跡。生命方程式不是一成不變，它具有可變性；生長軌跡也不是永久如斯，它具有可動性。若要改變自己的生命方程式需要真誠的付出。「摯誠而不動者，未之有也。」就是這句話，堪以改變自身的生命方程式；就是這句話，同樣也足以更動本身的成長軌跡。真摯誠信是原力，只要善存原力，「改變」不是一句虛無的口號，而是可以落實的行動。

111.　美得自然

　　能夠以一首詩或一闋詞，以一段散文或一幅畫作，引起閱讀者或觀賞者的共鳴迴響，的確是令人愉悅。文學藝術的表現在於心靈深處的剖白與傾吐，是真切自然的抒發，不帶半點虛假的成分。美在自然，美在文學與藝術的內涵，美在內蘊外釋的當下，美在心靈相通的剎那，美在發自由衷的感受。

　　文筆自然天成，不是雕琢；思緒節奏輕快，急也不得；行文次第鋪陳，達而已矣。表情達意的方式和技巧，各有訣竅，法門各異。優劣與高下，那是一種比較，並非絕對；沒有不好的作品，只有不好的作家。對作家而言，作品就是作品，至於作品的優劣與高下，那是評論者慣常使用的二分法，僅供參考。

　　作家與作品一衣帶水，唇齒相依，是生命共同體。作家生涯有時盡，作品生命無絕期。李白杜甫固然是唐朝詩人，可他們的詩作卻是千古傳誦不絕。宮澤賢治雖然已經作古，可他的《銀河鐵道之夜》卻是小學生百看不厭的童話作品；他的〈不要輸給風雨〉不知撫慰多少成千上萬個福島核災災民創傷的心靈。

112.　文人的風範

　　書寫是賞心悅事的情緒抒發，也是自我療癒的文學創作。以文會友，與友分享，樂在其中。文章自己事，優劣己自知。文學創作成長空間無限大，是以，不僅不能自大，更要謙虛受教。文壇深似海，其中自有高手在；若以山喻人，真的是那山還比這山高，滿招損，謙受益，固屬老生常談，卻總是千古不易。文德貴以謙，文心貴以專，崇謙尚專，乃為一代文人的風範。

　　嘗以「一體同觀」自勉。不斷擴增文學視域，充實文學內涵，厚植文學實力，用意不在與人一爭長短，而是提升自我的文學素養，讓己身更加優游在文學的大海洋，化成一葉扁舟，幻化成一篇篇隨筆散記、一帖帖俳句、一闋闋詞、一首首詩。這些散文、俳句、詩詞，再衍變成一葉葉文學之舟，漂向文學的彼岸。這個過程，是優雅的，是靜美的。這個過程，既是心境的轉化，也是文思的昇華。

　　無論是文學的引渡者，或是小人物的代言人，這都足以表示一代文人的風範，其身影永在。

113. 行遠與有心

　　處身在爾虞我詐的現今社會，送往迎來的應酬能免則免，不是拒人千里，而是明哲自保。置身在生人多於熟人的場合，尷尬自屬難免。與主人寒暄過後隨即走人，既屬得體，也無失禮。酒逢知己，固然千杯不少；人置陌生，當然走為上策。

　　曾經相識相熟，而今形同陌路，雖無惡言相向，卻是漸行漸遠。人生行路萬千條，同歌同行路一條。疏者去遠，親者近來。自然疏遠，自然親近，沒有遺憾，只有欣喜。文為心聲，文為介體，文為橋梁，文為渠道。互相學習，共同成長、人間美事，莫此為甚。

　　文不在短長，有心即可；詩不在深淺，有心就是。有心足以撰就一篇佳文，有心足以書寫一首好詩。心之有無，關係詩文的良窳與否。詩文自成天地，無須造作。好的詩文彷如天籟一般，清澄悠美，真淳厚實。讀它千遍也不倦。

114.　文學的啓蒙

　　金門作家吳鈞堯的〈斷線〉敘述兄弟手足的疏於往來，就宛如斷了線的風箏，再回首前塵往事，懊悔歉疚之情，油然而生。更何況分枝別葉，個人境遇多所不同，疏於聯繫反倒成為常態。每年固定的家族聚餐，遂成為各家寒暄、聯絡情誼的最佳時機，這是世情，也是實情。

　　有「小人物的代言人」美譽的作家黃春明在〈王老師，我得獎了〉一文中，陳述身為第二屆國家文藝獎得主的自己，將這份榮耀獻給初中時期的國文老師王賢春，他視王老師為文學的啟蒙師。雖然受文學引渡者林海音的知遇之恩，但他在領獎致詞當下，還是將榮耀歸功於初始的啟蒙老師。

　　前些年開始嘗試書寫俳句不過數月光景，卻累積將近四百帖，從台灣俳句到台語俳句到武俠俳句，從寫景寫物到地誌天象到常民生活，無非想嘗試或學習如何在精緻的十七字定型詩中，表現多元化的俳句內涵，當然更重要的是受到日本德川幕府時代「俳聖」松尾芭蕉的啟發。

115.　文學與文人

自古以來，文學與政治關係綿密不可分，文人仕途總是哀愁多於喜樂，甚至抑鬱而終。文學一旦扯上政治，幾家歡樂幾家愁，讓文學蒙上一層陰影。文學本是心靈的依託，文學本是性靈的交融。

文學是單獨的個體，最好避免複雜的意識型態。以文論文，是最基本的禮貌和態度。如果以文論文衍生成人身攻擊，的確有失風度。當意識型態超越文學的以文論文，文學就被汙染，情何以堪？

清水一旦被攪混，當然需要一段時日沉澱。可喜的是，清者自清，濁者自濁。清者，人皆近之；濁者，人皆棄之。棄濁近清，是文人的本性，也是文人可以自豪之處。寧可當被攪混的那一池清水，也不要當攪混清水的那種人；與其當一個吹皺一池春水者，不如作一個欣賞平湖秋色者。

文學是文人書寫的內涵，秉持以文學內涵為相互切磋的基礎；文人是文學的創作者，崇尚以文學創作為分享的初始。

116.　山城九份

　　自幼在山城九份長大，喜歡它的悠靜，喜歡它的清恬，喜歡它的山色，喜歡它的美景。喜歡它的與世無爭，喜歡它的山村野味。喜歡夏日傍晚天邊變化無數的雲影，喜歡入夜海上群聚作業的漁舟，喜歡夜深人靜擾人清夢的簫聲。而今，還是以身為九份人為榮。因為它曾經是文學家、藝術家、攝影家、電影導演的最愛。

　　現在的九份，是北台灣頗負盛名的國際觀光景點，山光景色依舊是，可惜斯人已遠逝。沉寂蕭條過後的九份，印證了它永遠不會消逝在人們的記憶之中。它不斷在增添人們的回憶和懷想，它不斷在製造山城的新鮮感和人文氣息。中、英、日、韓等四種語文的市招，歡迎來自台灣和世界各國的觀光客，留下美好的山城印象。

　　山城九份的風華不僅是九份人的集體或是共同記憶，也是九份人的個別或是單獨記憶。

117.　潛力、作家、作品

　　人的潛力是無窮的，一旦被開發，其所能產生的影響也是無可限量的。遺憾的是，有些人具有潛力而不自知，宛如璞玉一般。日治時期的「台灣文學少女─黃鳳姿」就是以一篇作文〈冬至湯圓〉成為日治時期唯一出版單行本兒童文學作品的少女作家。她的日籍導師池田敏雄就是發掘她具有寫作天分與潛力的伯樂。黃春明當年就是因為一篇作文受到初中國文老師啓發、引導走向文學創作之途，這位王賢春老師對黃春明而言，不啻是在前頭引導他的一盞明燈。

　　寫作潛力經過適切的導引，是可以被開發的，就像是璞玉經過一番的雕琢，終究會適得其所的散發出內在的光與熱。寫作是漫長的心靈之旅，潛力是開發的首要條件。當潛力與寫作緊密結合，假以時日，讀者未嘗不可以期待欣賞到精采的作品篇章。潛力可以進行多元化的開發，潛力可以配合資質進行精緻化的提升。潛力、作家與作品三者關係綿密，缺一不可。

118.　鄉情與鄉音

　　人生何處不重逢，最是雲端相遇時。同是離鄉他方者，百感交集聞鄉音。一首〈遠鄉〉詩作，竟然又銜接一位旅居豐原的鄉長。對心靈的原鄉—九份，始終有一股揮之不去的情懷，只緣它給了我寫之不盡的素材，從散文隨筆到詩詞俳句，從地景到詠物，從過去到現在，九份，讓我圓了結合「土地、作家、文學」的夢，固然不是經常回鄉看望，寫作卻也讓我圓了「月是故鄉明」的夢。

　　鄉情與鄉音對離鄉定居他方異域的人而言，心裡總有那麼一份既期待又盼望的情懷。已經多年未曾出席每年一次的小學同學會。那是一種混雜著感傷與敘舊的聚會，歲月的痕跡刻劃在每位同學的臉上，回憶是聚會時的共同話題，多少童年往事總是鉤引起大家的共同記憶和個別記憶。酒是越醇越香，人是越早越真。祝願已經或將邁入從心所欲不逾矩的同學們平安喜樂。

　　鄉情是超越時空的，鄉音是歷久彌新的，鄉情與鄉音牽繫著每一位原鄉人的心懷。

119.　可尊敬的對手

　　由於立場與認知的異同，往往會有意外事故擦槍走火，場面頓時陷入錯愕、不解、尷尬的糾結，無論是當事者或是旁觀者，都不是很好的經驗。尊重不同立場與認知異同者的言論是最基本的禮貌，如果連最起碼的尊重都拋諸腦後，請問，又如何能夠獲得他方的同等尊重。這種場景在時下經常可見，大至國會殿堂，小至市井街頭，「尊重」對他們而言，簡直就是「陌生」。

　　早年，一位老友曾經代表政府分別和美英兩國談判代表針對著作權進行雙邊會談，由於他的不亢不卑，應對有節有度，最後不但順利達成任務，還贏得美英兩國談判代表一致稱其為「可尊敬的對手」。儘管彼此立場不同，但在談判過程中，他的智慧、辯解、態度都獲得對手的頗多肯定。由於臨場反應的傑出表現，讓這位原本對著作權非常陌生的老友，卻成為國內有關著作權的權威。向老友致敬。

120.　編輯的樂趣

　　校對是非常辛苦的差事，心到、眼到、手到缺一不可。儘管再三訂正，最後的精校還是有漏失之處。這讓我想起數十年前故宮博物院譚旦冏副院長說過的一句話「只要是用人來校對的話，有錯誤是免不了的。」長者的話，對從事編輯工作者而言，不啻是一語道破編輯工作者的心聲。從初校到精校，把關的最後，依然在出版後發現錯處。盲點是編輯心中的痛。

　　當編輯的樂趣除了是作者作品的首位讀者之外，就是在校對過程中幫作者找出誤謬之處，或是翻譯本原著的疏失之處。這種機率雖然不高，尤其是後者。數十年前在光復書局參與《西洋美術史》編輯工作，該書係日文版，學習研究社出版。筆者發覺米開蘭基羅的生卒年月有問題，適逢該社相川俊一郎部長來公司洽公，遂請董事長轉達這項訊息，起初他一再表示該書已經出版多年，既然有此疑慮，回日本不久，來信告知筆者先前的疑慮是對的。這是當編輯最引以為樂的。

121.　詩文本一家

　　寫作是心靈的曼妙舞姿的展現，彰顯寬良的一面。心有所思，筆下成文。文體不拘，文類多元。依個人之所好，展現其文才。詩為精緻的語言，讀其詩，起承轉合，逸趣盎然，低迴不已。讀其文，陰陽頓挫，節拍有致，猶若行雲流水，通暢達理，無疑是在享受一場場心靈的盛筵。詩文本一家，吟誦詩文，樂自在其中。

　　賞讀也是心靈層次的悸動。一篇精緻散文、一首動人好詩，往往令人回味不已。散文如茶，回甘無窮；詩若酒，香泌人。喜愛散文的悠遊自在，清閒自得。喜歡詩的逸趣橫生，灑脫自如。詩文可長可短，適可而止。詩文縱橫於世情的離合悲歡，離情別意無礙於詩文的抒發，反而有助於心緒的衍生。詩文總在心靈的轉角處閃閃發光，就是那一道光，激發詩文的創作。

　　左手詩，右手散文，在詩文的天地揮灑，盡情抒發胸臆之間的感懷，既是心性的陶冶，也是文才的展現。

122.　實力與內涵

　　在法國「春季沙龍」或「秋季沙龍」落選，如馬奈、畢沙羅、塞尚等，卻能夠在西洋美術史上留名的大家，用他們的實力發揮藝術生命的光與熱，成為世界各大美術館珍視的典藏，若非有渾厚的內涵何以致之。實力與內涵猶如形影一般，缺一不可。

　　日本第二位諾貝爾文學獎得主大川健三郎的兒子大江光，儘管上蒼在其幼年生命成長過程中給予相當多的磨難，可是大江光卻憑藉著堅強的生命力和靈敏的聽覺力，終於在音樂作曲上找到了和世界對話的窗口，讓他得以在日本音樂作曲界散發音樂生命的熱力，成為當代傑出作曲家。

　　人生在世，生命有限，以有限的生命，總希望能夠在自己的生命歷程中留下一鱗半爪。有道是莫論生命短長，唯需有光有熱。或謂這是對生命的自我期許。人生不就是實力培養過程的體現，過程中相當重視內涵的滋養。易而言之，實力與內涵就宛如紅花綠葉，相得益彰。

（刊於 2019 年兒童節更生日報更生副刊）

123.　自知與量力

　　人要有自知之明，所以藏拙。正因為缺乏自知之明，所以曝露其短。也由於自知之明的醒悟，懂得英華如何內斂，避免因鋒頭而引起不必要的紛擾。自知而後知所進退，無知則進退失據，狀極難堪。自知與無知，一字之差，天淵之別。自知是尷尬的絕緣體，反之，無知則是尷尬的良導體；自知可以全身而退，無知則傷痕累累。為有自知之明者喝采，為無自知之明者感傷。

　　「量力而為不躁進，有多少能耐做多少事，此乃千古不變的恆則。」心中經常記著白髮老者的訓語，以致受益匪淺。凡事總得事先衡量己身的斤兩，勉強行事效果不彰。寫作何嘗不是如此，文學藝術的表現五花八門，缺乏紮實堅厚的根柢，又將如何在文學森林中分枝別葉，或是擁有一席之地？文學是內蘊外釋的典型化，它是渾然天成，無須過分雕飾；它是自然成章，無須過分堆砌。

124.　同念共事

　　能夠和一群志趣念識相近的人共事，的確令人開心。在相互尊重的基礎上，彼此沒有心理壓力，反而因為了解共事的合作性與進程的掌控姓，導致共識的指數直線上升，有助於而後實際操作的便利性。這是過去經驗的積累，從光復到東方，從東方到富春，階段性任務得以完成，的確令人賞心悅事。既是合作，則非僅靠一人可以獨力完成，而是群策群力之事。過去如此，現在如此，將來也是如此。

　　懂得尊重別人，就懂得如何拿捏節拍，不急不緩，節奏自然平和通順。一個不懂得尊重為何物者，總是自彈自唱，無以成調。嚴重者甚至荒腔走板，一個人唱獨角戲，既沒有聽眾，更沒有掌聲。陪伴他的，只有落寞和孤單。尊重是態度的表現，是發自內心的誠摯，是善意的形而外，是主動的行為意識。被尊重者自有其值得他人學習之處，或風範、或涵養、或學識、或氣度、或見解等……。

125.　縱然爭到又如何

　　自小生長在山城九份，受到自然環境、家庭庭訓的薰陶，逐漸養成不與人爭的個性，也逐漸知曉「有容乃大」的真諦。同宗前輩作家邱秀芷的傳家之寶，竟然只是「縱然爭到又如何」的七字箴言。容與爭相對應，有容則無爭，有爭何來容？水到窮處波無痕，何妨視其為有容乃大的示現。無事不爭，不也暗喻好鬥成性的本質。退一步，不僅可以容身，甚或海闊天空。

　　幽靜的自然環境，沒有塵囂的喧嘩；或許來自山城，比較不會在意都會的繁盛。或許心性使然，比較不會在意個人得失。有朋友笑我是「今之古人」，我欣然接受。每個人行事都有屬於自己的風格；每位作家寫作也有屬於自己的文風。有些作家雖然辭世多年，可是其文風長存而形成一種典範，再加上生前啟迪後進的身影。這些典範和身影，往往也是後進藉以成長進步的因素之一。

126.　勉強與親和

　　凡事順其自然就好，勉強是一種痛苦的抉擇。勉強宛如無形的鎖鏈，緊緊拴住人的情感和意志。勉強又如沒有基底的構造物，很容易受到外在環境的影響而支離破碎。

　　凡事勿庸勉強自己或是勉強他人，強摘的果不甜，勉強行事只有削減成功的機率並無助於事態的整體發展。軌跡是經驗的累積所鋪陳，循著軌跡運作，通達順暢；勉強或是貿然行事，則將無跡可循。

　　親和力足萬事成，這是共識的凝聚。親和力猶若春風，化解人我之間的疏離和陌生，拉近人我之間的距離和關係。親和力和感染力是共生共存的，親和力是內在本質的散放，具有薰陶作用。感染力是行為意識的外顯，具有帶動作用。薰陶和帶動同樣具有良性的催化功能，這種良性的催化功能，基本上就是一種啟發。

127.　雖不能至，心嚮往之

　　友直，是真心相待的朋友，一方願意直言不諱，一方樂意接受指正，這樣的友誼是可以永續經營的。委婉的語氣，直白的筆調點出失誤；欣然的態度，衷心的接受筆誤所致。

　　友諒，人難免會因為一時衝動脫口而出不遜之言而引發他怒，真摯的朋友不會因此而斷絕來往；相反的，會體恤無心的口誤而釋懷。倒是發話者應深自警惕而醒悟。的確，衝動會誤事。

　　跟趣味相近者唔談，真的是愉快。彼此暢言其所知所見，品茗之際，偶而來段即興吟詩，與友共享，未嘗不可視之為生活樂趣。在枯燥的塵囂過活，附庸風雅，其樂也融融。

　　對從小生長在山城的山頂仔，走回自然、親近自然，總覺得是天經地義。縱然無暇經常接近自然，至少在方寸之間，多少保存「自然常在我心」的思維；換句話說，雖不能至，心嚮往之。不要連這一絲絲的心思都付諸闕如。

128.　眞性不滅

隨波逐流者眾，孤芳自賞者寡，這是人生常態。本身定性不足，定力不夠，難免受困於外在世界的大染缸，逐漸失去本然的真性。真性一旦迷失，缺乏自我控制的能耐，在眾人皆睡我也睡的驅使下，讓自己與真性越離越遠，終至隱沒在大染缸的濁流之中。從另一個角度而言，只要真性不滅，就如同在灰燼中還在燃燒的火苗，照樣可以發出微弱的光與熱，是這樣的。

古今中外，懷才不遇者並不罕見。時運不濟，並非才智遠在他人之後，明白若此，或可減輕內心的傷痛。自視甚高，有時會拒人於千里之外，獨自品嘗高處不勝寒的滋味。人生苦短，若是一味抱怨為何自己老是和機會錯身而過空留遺憾；若是一味採取高姿態傲視一切，那又如何？若是抱持平常心，隨遇而安，隨境而就，解脫環境的枷鎖，將是指日可待。

在這混濁不清的現代社會，只要真性不滅，至少可以做到明哲保身，不致成為隨波逐流之徒。

129.　高齡化社會

　　台灣已經邁入高齡化社會，由此而衍生層出不窮的老人問題，文學家的社會責任就在於透過作品傳達關懷老人的襟懷。小説家黃春明短篇小説集《放生》就是在揭櫫文學家社會責任的真締所在。關懷老人問題，不只是政府的事，也是社會大眾的共同課題。

　　生老病苦是每個人都會面臨的生命歷程，學習面對，面對生命的老化，面對老化帶來的諸多社會面向。面對是解決問題的良方。

　　春華秋實，秋是成熟的季節，也是詩的季節。秋詩篇篇，感動綿綿。無論寫景、詠物；無論天象、地誌，秋總是暗喻其中，是象徵的意象，是懷想的初衷，是感傷的情味，是終老的前奏。

　　無論是象徵、懷想、感傷、終老；又或是意象、初衷、情味、前奏，都是秋的化身，都是秋的言語。高齡化社會象徵人的壽命已經趨向秋的季節，此時此刻有心的作家，就會透過作品表達他們對老人的關懷。

130.　得與失

　　得與失之間，有時的確難以評斷。當年中國傑出藝術家李叔同的一首〈送別〉傳唱多時。後來他就離俗世，入空門，很多人為此感嘆中國藝術界失去一位英才；但是，另一方面，卻也為中國佛教界多了一位高僧大德而慶幸。身份的轉換在藝術界與佛教都受到大家一致的推崇與尊敬。李叔同與弘一大師在中國近代史上都有一席之地。

　　英華內斂適足以彰顯一個人的修為，沉潛不讓自己成為眾人矚目的對象，轉移別人的注意力。一位資深小說家，儘管名氣響譽華文小說界，可他的穿著始終如同鄰家的爺爺，樸實無華。反觀某些作家，行事作風大異其趣，不在乎鋒芒外露，只在乎那一席之地。

　　有些事得循序漸進，穩紮穩打，立基是努力的礎石。台灣俗諺說得好，「呷緊弄破碗」，可引為當頭棒喝。

131.　誠信本一體

　　誠以感人，信以為人。凡事只要出於摯誠，別無心機，相應相合，自然隨緣而至。由內在的心誠轉化為外在的禮貌，那是一種感動的頻率有以致之，絕非故意做作之為。

　　誠信本一體，篤實共一家。虛偽的假面，遲早會被看穿；過分的包裝，只有更凸顯己身之不足，真實做自己方為上策。

　　李叔同在〈送別〉中有「知交半零落」一詞，感嘆人生無常。人生於世，所求無多，但願知交一二足矣。知心之交，交心之友，世所難求，絕非戲言。泛泛之交，所在皆有；萍水相逢，隨緣如份。家裡長輩嘗言「與朋友交，合則深，不合則淺；深可交心，淺則點頭。」始終奉為交友的金科玉律，不敢或忘。

　　與人為善遠勝於與人交惡，與人為善彼此就像如沐春風；與人為惡彼此宛如寒風刺骨，善惡之間落差很大，不可不慎。

132.　文章自家事

　　文章自家事，能否信達雅三者兼具，自己應該比誰都清楚。縱然無法兼具，至少要有這樣的祝願。這是最起碼的思維，如果連這最起碼的思維都沒有，又將如何下筆為文？

　　讀其文，如見其人，如聞其聲。足見感人的作品是可以和讀者產生共鳴作用。閱讀作家作品，而有如見其人，如聞其聲的感動和受用，不就成了夏丏尊所謂的「逆作家」。

　　作者和讀者的應合是立基在書寫與閱讀的面向。作者在書寫作品之際，不會想到讀者熱烈反應的景況；同樣的，讀者在閱讀作家作品之初，也不會想到作品是那麼的引人入勝。

　　是以，作者在書寫之際和讀者在閱讀之初，兩者並無實際關聯之處，重點在下個階段，當作者完成作品，當讀者閱讀作品，交集因而產生，文緣因此而起。當作者和讀者經由書寫與閱讀產生共鳴，文學花園可真芳香四溢。

133.　喝采與引渡

　　一個文學社團要能夠永續經營，絕對不是當家一人可以獨力完成，縱然能力再強，若缺乏相關成員的鼎力配合，以及有效的外力支援，其所能達成的效果畢竟有限。獨力難為天，自古皆然；群力事乃成，有口皆碑。

　　舞台不屬於任何個人，而是屬於共同擁有。出色的表演是舞台角色個個化性而為的結晶，滿堂的喝采是對角色演出的高度肯定，榮耀是屬於全體參加演出者。

　　在適當的時刻，適切的予人適時的協助，林海音「文學的引渡者」的確名符其實。引渡有緣，無關親疏。若無文學之根柢，何來引渡文學彼岸之緣？若無引渡之發心，豈有各擁一片天的後來？

　　引渡者與被引渡者端賴一個「緣」字緊密繫住。所謂典範在夙昔，長憶引渡者的身影，在台灣文學的長廊中。期盼在往後的歲月，也能夠見及願意提攜後進的「文學引渡者」。

134. 崇公與盡己

　　自從五年前接任兒童文學學會理事長，當下總是期盼盡己所能圓滿其事，也深信人必自助而後人助之的道理，果其不然，問題雖然孳生，但也迎刃而解。更何況還有志同道合的夥伴相挺，關關難過關關過。

　　夜半思維，何德何能，貴人相助。無私而能崇公，得道自能多助；雖是至理名言，卻也是不爭的事實。務實的確是生活態度的具體呈現。

　　行者盡己之能而任事，不問掌聲之多寡，只求諸事之順遂；不問光環之寬疏，只求職責之善盡。人生幾何，春秋有限，有機會盡己之力何樂而不為，就怕力有未逮。

　　白髮老者說「凡事盡力就好，莫論其他。」長者之言，每思及此，彷彿有萬千助力以為後盾，何事不成。凡事也不盡如人意，盡心就好，無愧於心。秋風秋雨固然愁煞人，秋月秋詩依然翩翩來。

135.　念一改觀萬象異

　　娑婆世界苦難多，你爭我奪無休止，這樣的戲碼無時無刻不在上演。有情人間渾沌兮，河清見影身外身，這樣的心境似有若無存在丘壑。身在紅塵不染塵，談何容易？縱情山林以除埃，說走就走。

　　有道是當下放，即刻是。割捨是意識的覺醒，當下是無比的輕鬆。念一改觀萬象異，剎那之間的轉變，是對是錯，好與不好，是智愚的分水嶺，必須面對或承擔隨之而來的結果。

　　詩文世界是心靈的花園，百花爭豔，各具特色，各異其趣。不止花色濃淡不一，花香也清濁不一。處身在詩文世界，知己之短長，明己之所好，循序漸進不圖快，能量元素多儲存，有朝一日含苞放，實至名歸終不棄。

　　的確，一山還比一山高，山中能人雲深處，因緣際會迷津渡，茅塞頓開文氣通。文海浩瀚無涯，唯有勤學是岸；詩路固然漫漫，所幸同歌同行。

136.　自行其是

為人處世苟能不偏不移，依中道而行，則憾事何來之有？設若不依中道而自行其是，則憾事不請自來。增一分則太長，減一分則太短，一分之差，長短有別。不增不減，道在其中。

依中道而行是一種境地，是一種劍及履及的實踐精神。它也是一種心靈指南，無時無刻都在提醒大家不要偏離中道，以降低憾事的發生率。如若不然，憾事連連，情何以堪？

有些人對某些事，執意甚堅，幾乎沒有斡旋的餘地，一意孤行的結果，當然是自食其果。明明有可以商榷轉圜的機會，就因為一己的執著而喪失轉圜的機會，此種事例古今中外皆有，我們能不引以為戒？

執著會激發負面的心緒而墜入思維的胡同，當思維一旦陷入胡同，無異走入死巷。死巷意味著一籌莫展，到頭來只好隻身一個人啜飲自食其果的苦汁。相形之下，堅持把握可以商榷轉圜者，卻能夠和大家共飲同甘共苦的甜汁。

137.　燈塔與舟子

　　在生命轉角處，偶而會看見一道光，那道光彷彿燈塔和舟子的關係，指引航向，俾便順利到達彼岸。在迷惘無助的當下，或許是緣分的牽引，一道光適時出現，讓迷惘者從黑暗的深淵燃起一股熊熊的希望之火，脫困而出，重見久違的天日。

　　一道光的指引，讓迷惘者得以棄暗向明，擺脫黑暗的糾纏，重新領受晴日的關愛與照拂。誰能忍受長期在黑暗的壟罩下呼吸 ？誰願意長期遭受黑暗的纏繞與糾結 ？

　　內在的陰霾更甚於外在的陰霾，內在的陰霾一日不除，暗黑永遠躲藏在心靈的角落，逐漸形成一股揮之不去的心理壓力，這種心理壓力一日不除，試問如何作為 ？此時此刻，何妨試著透過各種方式紓壓，比如提筆寫作，進行情緒轉移。

　　透過寫作進行情緒轉移，久而久之，豁然察覺原來寫作具有情緒療癒作用。那是一種轉換，不僅內在陰霾逐漸清空，就連外在陰霾也不請自走。

138.　心境、情境、意境

　　文學寫作誠然是紓心暢意之事，讓自己沉浸在文學的天空國度，既無罣礙，也無負擔，有的只是滿心的喜悅和祝願。文學寫作無疑也是己身內在的適性對話。將文思意念逐一轉化成詩詞或散文，那將是一道道文學的美味佳餚。

　　文學的表現，無論是小說、詩詞或散文，可依己身之所好擇一而就。若是能量具足，也可多元發展，至性開花，讀者有福；精益求精，自我提升。文學寫作是意象傳輸的平台，善用之。

　　興之所至，下筆為文，文心文義相與共，文體文類趣味同。當詩句飛上筆之端，文情盎然隨緣留文，這種文緣是溫馨的、是喜樂的。文友識與不識，無關緊要，重要的是彼此透過一首詩、一闋詞，或是一篇散文，能夠經由賞讀產生共鳴，這種心靈的契合，顯然已經超越疏離。

　　更由於心靈契合的效應，激發原創者精益求精的寫作動力，那種動力是令人感動的。寫作是心境、情境和意境「三境合一」的總體表現。

139.　文學史的基本素材

　　文學作品何其之多，而作家能夠在文學史上留名者又何其之少？作家與作品有若繁星，能讓讀者長留記憶者只有文史工作者比較清楚。每一時期、每一年代，畢竟總有些代表性的作家與作品留傳於世。這些留傳於世的作家與作品，往往成為文史工作者撰寫文學史的基本素材。這些基本素材的產生肇始於各類文學獎徵獎的脫穎而出，以及讀者大眾的普遍閱讀有以致之。

　　書為閱讀者眾，其文學性、藝術性與原創性普遍都獲得讀者的肯定與推崇。身為原創者，既是作者，也是讀者。知己之短長，明他者之高低，知明短長與高低，讓自己明白如何得以更上層樓。

　　寫作無他，堅持初衷，始終如一。就是依止在這樣的精神，縱然因為各種因素讓寫作停頓，卻因為某種因素重新燃起文學寫作的興趣，讓不離不棄的情懷再度復生。有道是文海孤舟重拾筆，賢治道雄相唔歡，詩詞散文見叔同，慈心悲懷知所終。

140.　文人與時代

　　文人常懷千歲憂，文章本就千古事，文人與文章如影隨形，不離不棄，這種現象古今中外皆然。以台灣文學為例，日治時期的台灣新文學作家常以作品諷刺殖民統治當局，進行所謂的柔性抗爭。

　　植根於柔性抗爭，藉以凸顯文人的堅持與韌性，這就是文人的風骨，而作品就是最好的利器。是以，縱然受日本統治半世紀，卻也為日治時期的台灣文學留下不少的經典作品。文人在歷史關鍵時刻都會以作品見證時代的氛圍。

　　文人對時代氛圍的感受比較敏銳，透過文學作品反映時代的民情風尚，以及文人本身對世情的知見，也算是善盡文人的社會責任。文人有文人的風骨，文人有文人的見地，日本的宮澤賢治，台灣的馮輝岳，他們都是屬於生於斯、長於斯、寫於斯的在地作家，寫自己熟悉的鄉土，是土地、作家、文學結合為一的最佳示範。

　　這樣的身影，永遠是令人懷想的，永遠是令人敬佩的。作品何嘗不是時代的縮影。

141. 靜宜之晨

　　晨起，信步走在校園，迎著晨風，風在樹梢、風在林間、風在滾落的露珠、風在滿頭的亂髮。秋晨的風，多了一份清冷與蕭瑟。

　　好久沒在校園獨行，卻很享受獨處的清閒；鳥鳴來自樹叢，此起彼落，為我歡唱一曲生命之歌。晨風固然增添幾許蕭瑟，卻讓漫步的我感受些許舒爽。深深吸它一口氣，繼續前行。晨風伴我，我伴晨風。

　　即使只是隻身，並無落寞之感。風濤、鳥鳴、珠露，還有滿目的樹海，人在自然，自然有我，這次第，就一個「福」字了得。

　　此刻，鳥鳴聲聲，那是生命的喜悅。衷心感謝，也一再佇足聆聽悅耳的生命之歌。當風聲滿滿，不絕於耳。當下，不由自主地也來個風中行吟。

　　　　我來自何方，沒有人曉得
　　　　我往何處去，誰也不知道
　　　　天蒼蒼，野茫茫
　　　　就那風兒伴我行

142.　心靈雞湯

　　從事文學創作，如果只是一時興起，而無持續寫作的初始，不啻曇花一現。嘗見得到文學獎徵獎過後，再也不見新作而石沉大海，宛如一閃而逝的彗星。相反的，如果將寫作視為一種志業，恆恆如斯，數十年如一日，雖非著作等身，倒也側身作家之列，由資淺到資深，佳作名著連連。

　　掌聲背後，是作家對文學創作的那一份堅持。憑藉這股精神，作家優遊在創作的喜悅與自由揮灑的天地，人生若此，憾從何來？

　　良友固然可遇不可求，傑作何嘗不是如此。一部好的作品，或是一篇好的詩文，本質上就是一種心靈的頻率，頻率相近或相同者越多，越能夠達成廣宣流佈的效果，藉以進行心靈的洗滌，宛若啜飲一口滋補的心靈雞湯。

　　無論是寫作或是閱讀，都具有療癒作用。當生命教育和情緒療癒結合的當下，去塵除埃已經產生作用。嘗言作家是心靈工程師，當生命教育、情緒療癒與作家作品三者環環相扣時，心靈工程師已經盡到社會責任了。

143.　隨緣安分

　　嘗謂因書而結緣成書緣，因作品而結緣成文緣，無論書緣或文緣，皆可視為善緣，彼此以緣結緣不斷向外擴展，直可謂緣緣相繫無絕期，或可形成善性循環。

　　因為一本書觸發寫作動機，更且引導寫作走向，書的確是默默無語的良師。閱讀李永熾翻譯、中野孝次原著的《清貧思想》，身受天才俳人松尾芭蕉的啟迪，而有《臺灣俳句集》的付梓問世。俳句或可視為個人由兒童文學轉向台灣文學的重要分水嶺，也是難得的契機。

　　性喜自然，不尚雕琢，俳句雖然只是三行詩，卻自成天地，情境和意境兼而有之，文句更是精煉細緻。字裡行間自然流露安於清貧的思維，簡樸的生活蘊涵脫俗的素養。由是，更令人嚮往與自然合而為一的出塵詩境。

　　年逾古稀，還能優遊在寫作的樂趣與抒發胸臆的感受，芭蕉雖是十六世紀前期的日本俳聖，可他的俳句卻引領生於二十世紀中期台灣作家的我，因而走上俳句寫作的漫漫長路，由衷感恩這位異國的俳句啟蒙師。

144. 星辰殞落

　　人生有你，知所應為，為所當為；人生無他，活在當下，樂在工作。一直以來，始終將這段話奉為生命的圭臬。前半段知天命行事，後半段視當下如命。兩年前辭世的前輩作家鄭清文先生，其一生的文筆生涯，完全融匯在這二十四字的生命寫照。

　　數百篇的短篇小說，寫盡人生百態。七八本的童話作品，將黃春明的一席話真切轉化為部部童話佳構。整個的文學生命完全託付給台灣小說與童話的撰寫，向前輩致敬。

　　有多次與鄭清文先生同台的往事歷歷。靜宜大學兒童文學與兒童語言學術研討會綜合座談、九歌現代少兒文學獎頒獎、台灣文學獎評審、鍾肇政文學獎兒童文學類評審、中華民國兒童文學學會資深作家作品研討會等，皆有近身親炙受教的機會，受益良多。

　　對一位行事低調、專事寫作的前輩，其一再呼籲利用台灣豐富的天然資源，創作富有台灣鄉情特色的台灣童話，故人雖然不在，可其誠摯懇切的呼籲卻始終猶言在耳。

145.　鈔票與廢紙

　　一本書的出版，經過作者、編者、經銷者、讀者等的階段性接龍，呈現各種不同屬性類別的書籍，豐富讀者的閱讀視域，如果因此而入暢銷書排行榜，或是好書大家讀推薦，或是文學好書推薦等，對出版者、作者、讀者而言，就是三蒙其利。

　　單就這個面向而言，書因入列而貴，出版社營收增加、作者版稅豐碩、讀者購書閱讀，這時候的「書」就等同於有價值的「鈔票」。反之，有些書甫一出版，由於書市競爭激烈，甚至連在書店和讀者見面之前，就被視為退書，原封不動被冷藏在出版社的倉庫。畢竟書店門市陳列空間有限，「選擇性」變成是新書能否有機會和讀者見面的關鍵因素，萬一不幸落選，退書避免不了，而倉庫是最後歸宿。就這個意義而言，等同於「廢紙」的宿命。

　　難怪有位大出版社老闆曾經這麼說「書，賣得出去才是鈔票，否則等同一堆廢紙。」

146.　不時之需

　　當有之時，應知無時之苦；當無之時，方知有時之好。有無苦好，意在一念之間。人生得意須盡歡，莫使金樽空對月。把握當下，及時行樂，是提醒自己的生命態度。得意的那一刻，眼下並無過去和未來；只有盡歡得意中，金樽邀月飲的暢快。

　　未雨綢繆心念起，不時之需無斷炊，事前預作準備，勝於事後追悔。也是提醒自己的生命態度，與其貪念一時享樂，莫如寄冀長久安足。

　　為使生活安定無憂，為使工作無虞匱乏，前提就是具足能量和元素，這些能量和元素就是所謂的不時之需。資源總有用罄之時，在那之前，開發新的資源或是找尋新的資源就成為當務之急。開源與節流都是為了解決不時之需，而不時之需就是為要能夠永續所採取的必要措施。

　　懂得重視「不時之需」，那是先見之明。換句話說，當有之時，應知無時之苦，不也說明重視「不時之需」的潛在性嗎？

147. 隨緣如份

　　娑婆世界的塵粟，對大千滄海而言，根本微不足道。人如你我，終究只是時間過客，猶若來時無影去無蹤的陣風，可曾留下多少蛛絲馬跡，蛻變成記憶扉頁的刻痕。生命的軌跡彷彿天體運行，各有各的行徑，才好保持安全距離。一旦脫序，囂張跋扈塵土飛揚，安寧隱遁，黑暗席捲一切。

　　反之，若天行之健，井然有序，道在其中，理蘊於內。彼此相安無事，諸事圓融。有道是「生命有時終將盡，披荊斬棘把志伸，幾度春秋幾度重，彩雲飛處見黃昏。」

　　萍水相逢喜結緣，莫非其中有宿緣。既是宿緣，自有再會重逢之時。只是這個「時」出現的契機，卻是因人因事因地而有所不同。既然如此，我們何不隨緣如份，順其自然，勿庸刻意為之。

　　不經意的重逢與相遇，喜悅伴隨而來。相互之間，交融取代疏離，和美化解隔閡。近似故人久別重逢，歡愉之情溢於言表。剎那，彷彿再度拾回熟識的感覺，空氣中瀰漫善緣因子，愉悅的音符跳躍著，譜出柔美的心靈交響曲。

148.　作家與逆作家

　　民初中國文人夏丏尊在〈讀者可以自負之處〉一文中提及，雖然不見得每個人都能成為作家，但是只要在閱讀過程中，能夠和「作家」產生某種程度的共鳴，那就是成功的「逆作家」。

　　作家寫作的初衷無非希望能夠引發廣大讀者社群的共鳴，成為被欣賞的作家。另一方面，能夠成為欣賞作家作品的讀者，就是夏丏尊所謂的逆作家。換句話說，作品是作家與逆作家交流共鳴的導體，也是被欣賞與欣賞的共構橋梁。

　　高山流水聞知音，而知音就是欣賞與被欣賞的交集。懂得欣賞他者的品味，未嘗不可視為生活藝術的昇華。欣賞不啻是心靈的交融，也是頻率相近的表徵。被欣賞就是受到肯定，付出的心血是被感受到的，那是良性互動的真諦。

　　寫作是一種態度，欣賞也是一種態度，當作品一旦公諸於世，那是嚴正考驗的開始。欣賞與被欣賞在同樣的光譜中相應出知音的火花，對讀者和寫作者而言，都是善性的對待。

149. 祝　福

　　每個人都有生命的歷程，每個歷程都有酸甜苦辣，都有悲歡離合。無論是酸甜苦辣，無論是悲歡離合，都是生命的覺知和體悟。面對生命的覺知和體悟，是一種智慧的抉擇。智慧的抉擇宛如生命的再生，生命的再生可以揮別往日的痛楚和悲苦，迎接來日的歡心和喜樂。

　　面對需要勇氣，一旦勇於面對，問題的解決趨向單純。畏於面對，抱持鴕鳥心態，固然可以偏安一時，可問題始終存在。如果願意嘗試面對，如果願意學習情緒治療，假以時日，相信可以自我療癒，自我療癒的結果，將是可以撥開層層陰霾，重新迎接生命的春天。

　　祝福是種態度，由衷的祝願每一位識與不識者，那種發自內心的平和之聲，會引導大家走向拒絕詛咒的向善之路。當然，多一分的祝福，就少一分的詛咒。生活在一個沒有詛咒的環境，那是一種幸福。

150.　珍惜良緣

萬千茫茫人海宛如片片漂萍，有生之年能夠偶然相遇，進而相知相惜彼此得來不易的邂逅，天意使然。否則，大家各自漂浪數十寒暑，多少個春秋歲月，多少的朝曦暮雲，彼此為生活奔波，彼此為文學深耕，是怎樣的機緣，讓不可能轉為可能，讓彼此在上蒼的巧安排下，迸發出互會的光芒。

有人將這種難得的機緣美其名為「良緣」。這份良緣或許是師生、或許是朋友、或許是情人，無論是師生、朋友或是情人，彼此都應該共同維護這段得來不易的緣分。

在共同維護良緣的同時，也可以藉此機會化解不善的惡緣，此即所謂的「結良緣、解惡緣」。無論「緣」的良惡與否，都要虛心面對，妥善處理，好讓彼此都可以藉此離苦得樂，以善終了。

常言道：「知道做到正解道」這是有次第的，這是有步驟的，循序漸進的。倘若光說不練，那是無法真正了解良緣的真諦。

151.　生命鬥士

　　在靜宜大學任教多年，閱讀書寫暨素養課程研發中心每學期都舉辦「生命史講座」，邀請各行各業不同階層者擔任講師，聽講對象則是「閱讀與書寫」課程的學生。雖然這些講師身分不一，講座內容各異，但他們都是所謂的「生命鬥士」，他們都具有共同的特性，那就是願意誠實面對問題，積極設法解決問題。

　　他們在分享生命歷程的同時，都表現出惜生愛命的真性情。他們藉由現身說法的機會，提供自己如何面對問題和解決問題的方法和途徑，如何化險為夷的處理障礙，如何樂觀的擁抱生命的啓承轉合。

　　在聆聽這些講師不同的生命史講座，每每為他們精彩的分享內容而充滿感動，這是生命力的分享，也是正視問題、解決問題的交流，而分享與交流則是智慧和經驗的總體呈現。而今而後，期盼大家都能夠好好扮演樂於分享的生命鬥士，抑或是樂意接受分享的聆聽者。

152.　與人為善

　　人與人之間的關係，既單純又複雜。單純的人際關係，彼此禮讓相待，何爭之有？彼此以誠應事，何是非之有？彼此常懷與人為善之心，何交惡之有？春水靜止悠閒，徜徉天地之間，又何必對其吹皺。

　　有情世界紛爭不斷，塵囂往往揮之不去，設若存有與人為善之心，降低衝突，減少矛盾，舒緩對立，其實大有可能。

　　從另一個角度，若是一味抱持「與人為惡」的心態，那衝突、矛盾與對立，則將如影隨形，所到之處風波不斷，大家避之唯恐不及，拒他於千里之外。何必呢？

　　生不過數十寒暑春秋，遲早與草木同朽，計較於事無補，縱然爭到又如何，隨風飄逝無影蹤。與其讓自己成為落日餘暉下彳亍獨行的人，不如讓自己成為與他人同歌同行的人。與其讓自己成為不受歡迎之人，不如改頭換面成為願意親近他人之人。

153.　謹言慎行

　　人生於世難免都會與人產生接觸，在應對進退之際，言行是否得當，往往牽繫彼此關係的良窳如何。有些人長於察言觀色，適時拿捏應對措施，以免因小失大。有些人英華內斂，避免鋒芒外露，徒增困擾。有些人三心兩意，毫無主見，容易見風轉舵。有些人妄自尊大，更且目中無人，人際關係微乎其微。有些人善與人交，所到之處無不談笑風生。有些人心直口快，卻因措辭失當，引來無謂麻煩。有些人進退有節，用詞允當，與人相處，如沐春風。有些人再思而言，三思而行，就怕言行失據。有些人……。

　　一個人的言行可以影響別人觀感，一個人的言行也可以豎立風範。常言道：「察其言，觀其行。」在群聚共生的社會，彼此互動是一種常態，就因為常態性的互動，所以人的言行就成為別人或群眾注視的焦點。是以，言行本身就是一種尺度，或可說是一種反射；尺度用以衡量，反射外顯內在。如若言行失當，難免惹事生端。若要避免事端蔓延，風波不斷，謹言慎行是唯一不二的法門。它何嘗不可視之為可敬的生活態度。

154.　心美容兮

　　生命的本質，無有貧富貴賤之分，只有男女老幼之別。友朋之間的交往，發乎自然，純粹闡揚互補有無、同生共長之情。古今中外，覆巢之下無完卵的時代悲歌，借問何處是爾家？流離失所，漂浪在天涯。嘗謂：「結緣一家相互磨，共體時艱忍為尚。」

　　縱然親為骨肉手足，每個人的個性不一，磨合是過程，一個非常辛苦的過程；然而，經過這麼一個過程，家和萬事興就不是一句美麗的口號，而是幸福美滿的圖騰。覺行的生命固然可喜，驕傲的靈魂卻是可嘆。古來高山流水為誰彈，知音何在爾是誰？

　　得道真多助，與人相處，讓人如沐春風。反之，友朋自然疏遠，恰似秋風落葉飄零，孤苦無助。萬木群聚於叢林，共生共長彼此並無礙事。倒是世間有情的明爭暗鬥爾虞我詐，傷害到彼此之間的和氣。望眼湖雲清遠飄逸，靜聽潺水潺聲莫為之愁。但見群鳥合鳴藉以解憂，風濤樹籟引以高歌。

155.　稍安勿躁

　　明鏡止水，是非、黑白、正邪、對錯一一無所遁行，昭然於心。舉凡蓄意惹事生非、驅正就邪、顛倒對錯之徒，即便能夠逞一時之快，終究會因形跡敗露而遭人唾棄。畢竟這不過是浩瀚大海中的些微浪花，終究還是消弭於無形；又或是平湖中偶而因風而起的漣漪，並無礙於生命的節奏。

　　心若磐石，審時、度勢、明辨、見相，胸中自有丘壑，何憾之有？心浮氣躁往往讓己身陷入誤區而不自覺，見相就將是非定，「相」正在進行，稍安勿躁，且待結果分曉。連等待的耐性都付諸闕如，就開始放言高論，好像真有其事一般，結果出爐時不僅自己滿臉豆花，還讓大家看盡笑話。

　　處在喧囂煩雜的現代社會，最好保持冷靜，沉澱自己，切莫讓自己淪為隨波逐流之徒；一個成熟的社會，明辨是非與真假的公民養成教育刻不容緩。與其浪費生命跟著搖旗吶喊，不如安心耐性觀賞丑戲上演。

156.　慢行有得

　　暖冬時節漫步在新店溪畔，但見水波無痕，小白鷺低旋慢飛，麻雀枝頭成群，灰頭鷦鶯群起群落，牠們自在又逍遙。直可謂天在、地在、樹在、眾鳥在。此時此刻，感覺無比舒暢。沒有紛爭、沒有煩憂；只有安和、只有恬靜。

　　每回漫步獨行居多，沿著自行車道，把時間拋諸腦後，享受片刻的寧靜，捕捉剎那的鏡頭。原本只是散散心，卻在無意中多了個收納鏡頭的意圖。固然說「大塊假我以文章。」卻也可「天地賞我以鏡頭。」而大塊、天地、文章、鏡頭都一一飛入我的詩句。

　　無論是清晨，或是午後，或是黃昏，堤外自行車道都適於慢行。慢行無妨放空，思緒由繁入簡。處於繁忙渾濁的現代社會，享受片刻的寧靜是需要的，沉澱超載的雜思是絕對的，方寸不能亂，慢行以定心。

　　既為人身落凡塵，處世之道自分明。人居各處，各忙其事，是生活，又是生命的紀錄。兩兩相應是為投緣，既是投緣，當即惜緣。今晨慢行，偶思及此，不免想起多年前所寫的：「不是舊識不相逢，相逢總是續前緣，緣起緣滅人自在，緣深緣淺莫強求」。舊識、前緣、起滅、深淺，是每個人都會面對的課題。

　　（本文刊載於 2019 年 2 月 15 日中華日報中華副刊）

157.　如釋重負

　　每當完成一件預定中的工作，無論是年表的增補刪減，或是文稿的校對，或是論文的修正潤飾，那種無以名狀的感受，就是簡單兩個字「輕鬆」，輕鬆之餘就會拾筆自娛一番。

　　一直以來始終養成計畫行事的習慣，喜歡按部就班的模式，一件接一件，一步接一步，既不會前後失序，也不會自相干擾，自然成事無虞，「順成」是自然的節奏與旋律。

　　有多少體力走多少的路，有多少時間做多少的事，過與不及都難免會有遺憾與缺陷。當然做自己能力所及之事，加上意願和毅力的配合，所能完成的事距離「理想」是雖不近，亦不遠矣。

　　很享受如釋重負的感覺，這種感覺是發自內心的一種緊繃之後的解脫，一種心中罣礙自動消除的那份釋放。每一次的如釋重負，都是一種的提昇，也是一種的淨化。

　　（本文刊載於 2019 年 3 月 31 日更生日報更生副刊）

158.　輕鬆與放心

　　很長一段時間不知「輕鬆」是何物？總覺得它離我很遠很遠，好像存活在兩個不同的國度。總覺得人生工作報告一件接一件，雖然不覺得輕鬆，卻也甘之如飴。

　　很長一段時間總是「懸念」某些人事而始終「放心」不下。總覺得這顆「心」忽上忽下，忽左忽右，就是靜不下心。縱然如此，總希望自己能夠依止在「靜定」的軌道上。

　　話說輕鬆不輕鬆，心有所礙何來輕鬆，心無所礙輕鬆自來。嘗言念一改觀萬象異，如願奉行礙自離，舉頭邀月覓雲蹤，何當共話心語兮。自在藏於方寸，輕鬆比鄰而居。

　　當如斯信願行，何在乎緣起緣滅，何在乎緣深緣淺。能夠放下，心當能放；能夠放下，心無所繫。有謂知道做到正解道，這就是「輕鬆」與「放心」的原力。

　　（本文刊載於 2019 年 4 月 9 日更生日報更生副刊）

159.　文學與人生

　　文學比較不食人間煙火，人生比較注重生活品味。文學著重精神層面，人生偏向物質需求。文學是生活的延伸，也是人生的縮影。一部文學作品反映多少人的生命歷程，多少的生活歷練成就一部偉大的文學鉅構。文學的舞台就在每個人的生活與人生的淬煉。

　　文學，它絕不是無病呻吟的文字遊戲，人生也不是欲哭無淚的苦痛劇場。文學可以振奮人生，從傷痛的谷底揮別昨夜哭泣的夢痕；文學可以療傷止痛，從迷惘的困惑尋求自我療癒的處方。人生百態何其之多，人生境遇何其之廣，無論甚多或甚廣，畢竟終歸雲淡風輕。明乎此，文學與人生就像形影一般。

　　如果文學是人生的浮光掠影，那也為人生留下追憶懷想的音樂鐘。如果人生是文學的演出舞台，那也為文學開創了悟解惑的新契機。文學是無止境的，人生是有時限的，以有限的人生追求無盡的文學生命，那是一種的「願」。

（本文刊載於 2019 年 2 月 28 日更生日報更生副刊）

160.　書與人

因為一本書而改變一個人的思想，因為思想的改變而拯救了自己。曾經有位旅居美國的女作家當年適逢婚姻陷入低潮，有天在其居所附近的圖書館看到一本書，彷彿在漆黑中看到一線光明，讓自己從婚姻的谷底重新振作起來。

喜歡隨興閱讀與書寫的我，因為看了李永熾教授翻譯的《清貧思想》一書，書中有關日本俳聖松尾芭蕉所寫的俳句，那短短的三行詩盡是平凡、平實、平淡、平靜的詩文世界。深深為那份清遠安貧的生活態度所折服，也期待自己成為俳人。

從高中時期就開始留意報紙刊登的人與事，多少年後，因為莊永明先生的一本《臺灣第一》的啟迪，而走上台灣兒童文學史料研究之途，30餘年來始終不離不棄，也曾留下十本的人生工作報告，就是憑藉這份的堅持，始得以景仰諸多前人的風範與身影。

書與人的關係是如此的緊密，因為一本書而改變一個人的生命方程式。閱讀一本書，只要其中的一段話你真的讀進去了，真的是一生受用無窮。就好像聽一場演講，只要其中有一句話你真的聽進去了，也是受益匪淺。

（本文刊載於 2019 年 3 月 5 日更生日報更生副刊）

161.　驚　喜

　　每當完成一件心懸的事，當下的輕鬆非筆墨足以形容。難怪「心無罣礙一身輕」，的確是其來有自。心懸與罣礙一日未除，總讓人七上八下，不知所以。一旦解決，彷彿水過四海般的暢快與舒活。

　　人生處處是舞台，只要抱持化性而為的精神和態度，在任何舞台都能夠知所應為，為所當為。發光發熱是傾力而為的表徵，沒有不好的舞台，只有不稱職的演員。既為人身落凡塵，豈能不知所為何來 所為何事 ？明白箇中道理，則當不虛此生。

　　人生是無數驚喜的組合。二十餘年前在檀香山國際機場巧遇《民生報》文教記者徐開塵。十餘年前在澳門邂逅同宗越南台商。近幾年來無論是報刊或是雜誌，同日或同期刊載者很多是舊識。前不久一篇散文刊載於《中華日報》副刊，竟然能與兩位數十年未見的舊識同日刊於同一副刊，這種機率簡直少之又少，如果這不是「驚喜」，什麼才叫「驚喜」？

162.　隨　想

　　嘗謂「知所從來，當知去處。」可是，往往既不知從何而來，又豈知歸往何處？一般多數不大理會來去的問題，只重視眼前，貪圖當下擁有的一切。今朝有酒今朝醉，莫使金樽空對月。也是，明日又天涯。

　　時間的長流恆昶如斯，無可分割。之所以會有過去、現在與未來，純粹是研究方便起見的權宜。有謂「如果對過去了解得越是透澈，則對未來的發展就會更加清楚。」鑑往知來，不就是指此而言。

　　古謂「就有道而正。」可如今有道之士不是魂歸道山，就是沉潛不出。每思及此，只能望空興嘆；總是覺得清流隱身，濁流滿地。斯人雖已遠，典範在夙昔。長者身影常在，步塵未曾離散。那是一盞明燈，也是一座燈塔，舟子需要明燈，需要燈塔的指引，就希望迷津可以得渡。

　　高山仰止，理當念茲在茲。而今，世道積弱不振，導致赤焰囂張側目。期盼河清見影，但看明哲保身。

163.　安住於心

因為行政單位一時作業疏忽，導致某些家庭頓時陷入愁雲滿佈的不安狀態，箇中滋味，若非當事人實在難以深切體會那種忐忑的心情。由於事出突然，根本莫名所以。「錯愕」是家人共同的表情，「冷靜」是解決問題的良方，「面對」是正視問題的態度。避免讓錯愕亂了方寸，而是讓冷靜沉澱煩愁的心緒，面對思索如何解決之道。心煩氣躁無疑是解決問題的大忌，冷靜以對才是掌握處事的關鍵。沒有解決不了的問題，只有面對問題的態度和勇氣。

韓國諺語「身正不怕影子斜」，台灣諺語「樹頭站予在，毋驚樹尾起風颱。」雖然國家不同，卻有意涵相近的諺語。人生於世，太多意外防不勝防，只要安住於心，沉著應變，臨事不亂，沒有必要自己嚇自己，凡事總有水落石出之時。如若說一套做一套，根本無法解套，反而讓自己陷入作繭自縛的窘境。

164.　春日午後

人生無論短長、順逆、離合、悲喜、情仇……這無非就是「無常」的過程與演繹，勿須過於沉緬、哀痛。生命方程式言人人殊，每一種都有獨特的解法，並不適合每一個人。

日月長照，明耀人心。每人都有一盞心燈，這盞心燈與日月同光，如何能讓心燈不寂滅，端視個人是否精進不褪？是否有心護持？心燈長燃，陰霾無影；只要心燈一息尚存，明路現前，何來迷失之有？

過去之心不可有，明日之心不可無。如果一直沉溺於過去的歲月，又將如何知曉明日以後之事？活在每一個當下，何其幸福。以寬容替代苛責，以關懷替代要求，以謙和替代傲慢，如是我行，福在其中。

信步迎風慢行，堤外散心，與群鳥同在天地之間，沒有生疏之感，只有賞鳥之趣。堤外草坪綠意盎然，三五成群，啁啾而鳴，倒也自得其樂。樹梢鳥隨風搖擺，不以為意。天地之大都有容鳥之處，何況是人。

165.　善巧方便

　　我們改變不了事實，只能決定自己要怎樣因應；我們改變不了上蒼發給我們的牌，只能決定怎們打這手牌。誠哉斯言。這正反映出善巧方便的真諦，也道出了山不轉路轉的因應之道。

　　存在主義哲學家齊克果在其探討懺悔與信仰的名著《恐懼與顫怖》一書中有這麼一句話「眼淚和哭泣能緩和感情，但無聲的嘆息卻最為痛苦。」這可謂面對生命無聲以對的深沉哀痛，給予悲劇勾勒出最為簡捷也最原始的形貌。

　　人之境遇純然是因緣所致，否則人海浩瀚如何兩兩相遇？每思及此總不忘時時刻刻提醒自己「惜緣莫斷線」。固然隨著年歲漸長而人事漸褪，清風明月依舊。儘管屢屢遙想前賢身影，可堅高之處難步其後塵。

　　世事如潮，潮起潮落永無止盡；過眼如風，風言風語其亂如麻。心靈的漂浪究竟何適何從，何處是心靈的依止？身在凡塵，角色各異。有人扮演燈塔，有人扮演舟子，只有燈塔屹立不搖，舟子就不至於迷航。

166.　最是那意外見面時

前年四月，有天突然接到已故作家嶺月女士的女兒林宜和小姐捎來的信息，由其父親林惟堯先生和她聯合作東，希望邀請幾位朋友餐敘。聚餐當天首次見面，很有嶺月女士的遺風；至於林惟堯先生已經年逾九旬還神采奕奕，我和老人家最近幾年總會在信誼基金會舉辦的信誼幼兒文學獎頒獎會場見上一面。感謝林家父女的巧安排，當天來的都是熟識的朋友，彼此平常各忙各的，難得見面。那天大都聚焦在彼此與嶺月女士交往的點點滴滴，直可說是：「最是難得見面時。」感謝林惟堯先生、感謝林宜和小姐、感謝與會共餐的舊識。

人與人之間的遇合，總是存在著一些些的偶然；人與人之間的偶然，也總是存在著一絲絲的意外。這些個偶然和意外，卻為彼此帶來無盡的懷想與珍惜。這些個偶然和意外，或許會出現在任何意想不到的場所，無論在任何情況下的見面，都是一種的驚喜，都是一種的喜出望外。因為這種的驚喜，完全是在意料之外。畢竟人生沒有太多的偶然和意外，也不見得是人人都會有的際遇，所以當出現「最是那意外見面時」的鏡頭，真的應該好好保握當下。因為不可能再有相同的機會、時間和地點。

167. 從「心」出發

古往今來有謂：「別意湧心頭，此去順風莫牽愁，但問憶長久。」或謂：「舊識喜相逢，共話心語投機中，傾談何時重。」誠然如斯，離合聚散本屬無常，了然若此，何來惆悵？天涯海角各處一方，日月長照爾心如昶。

幾多春秋寒暑，幾度風霜雨露，幾番黃葉飄零，幾回生老病苦，幾重分枝別葉，即便無常如斯，我依然是我兮！難不成這就是生命的履痕？同樣是生命體，連植物都不吝展現生命力的旺盛，我們又何能忽視生命力的旺盛與存在。

寫作固然是條不歸路，但卻是樂於上道之事。只有堅持寫作的初衷，才有可能端出美味的文學佳餚，才有機會品嚐豐美的文學果實。寫作也是心靈的交響，毅力是寫作的原力，創作是潛能的激發，是生命美感的呈現。發揮寫作的潛力，與眾分享從「心」出發的文學作品。

散文、俳句、詩詞等都是從「心」出發的文學作品，唯有能夠感動自己的文學作品才能感動別人。

168.　生命共同體

　　生命共同體並不單指人而言，人和自然界中的花草樹木、蟲魚鳥獸等生物都是構成自然共同體的一部分。意指在同一空間中的人事地物都是生命共同體。在這樣的體認下，你將會愛惜花木，尊重它們的生命，不會破壞自然的生態平衡，好像它就是你生命的一部分，是你生命的曾經；愛惜生命，讓生命力能夠充分發揮，苟能如此，相信大家再也不會計較生命的短長。

　　自然界有其一定的律動，因為有了這個律動，一切的生命，他們的成長都有所遵循的方向。在這個律動中，所有生物的生命都是相生相輔的。倘若人能夠配合自然的律動，則將發現思維空間是無限的延伸，你所關愛的，已經不僅限於人的世界而是整個的自然界。

　　回歸自然是理所當然的，自然是我們的家，在這個自然之家，有我們欠缺的元素，是以，回到自然只不過是要找回曾經失去的能量而已。

作者簡介

邱各容。新北市瑞芳人，1949 年生於九份。筆名金容、木容、聖容。

學　歷：世界新聞專科學校 3 年制公共關係科、國立台東大學兒童文學研究所畢業。

經　歷：光復書局編輯部經理、東方出版社總經理、富春文化事業總經理、中華民國兒童文學學會理事長、台灣省兒童文學協會理事、台北市兒童文學教育學會理監事、財團法人國家文化藝術基金會文學類評審委員、桃園市、台中市、南投縣文學獎兒童文學類評審委員、台灣文學獎兒童文學類評審委員、靜宜大學通識教育中心兼任助理教授。

思　想：以「嚴以律己、寬以待人」八字箴言奉為立身處世的準則。以散文、詩詞、俳句筆墨人間。以「人生有你，知所應為，為所當為；人生無他，活在當下，樂在工作。」引為生活座右銘。

著　作：《兒童文學史料初稿 1945-1989》(1990)、《永不褪色的山城──九份》、(1999)、《人性點線面》(2000)、《播種希望的人們──台灣兒童文學工作者群像》(2002)、《回首來時路──兒童文學史料工作路迢迢》(2003)、《台灣兒童文學史》(2005)、《台灣兒童文學年表》(2006)、《台灣兒童文學作家及作品論》(2008)、《台灣兒童文學一百年》(2011，與林文寶教授合著)、《台灣兒童文學史文論選集》(2011，與林文寶教授合編)、《台灣圖書出版年表 1912-2010》(2012)、《台灣近代兒童文學史》(2013)、《台灣俳句集》(2017 年)、《台灣兒童文學史》(2018，與林文寶教授合著)、《菜根香又香 ── 養浩軒隨筆集》(2019)。散文、詩詞、俳句、文論等作品或文章散見於《中華日報》、《更生日報》、《人間福報》、《文訊》、《金門文藝》、《從容文學》、《華文現代詩》、《人間魚 詩生活誌》、《台客詩刊》等報章雜誌。

現　職：富春文化事業公司發行人、靜宜大學閱讀書寫暨素養課程研發中心兼任助理教授、《華文現代詩》編輯同仁、五七五台灣俳句同好會會長。

獲獎紀錄：中國文藝協會第 42 屆文藝獎章(兒童文學史料獎)。